全国高等美术院校建筑与环境艺术设计专业教学丛书

中央美术学院建筑学院旧建筑改造设计课题

胡同智造
Creative Spaces in Hutong

关于设计方法的教学实践
An Educational Practice for Design Methods

杨 宇 韩文强 崔冬晖 编著

中国建筑工业出版社

图书在版编目（CIP）数据

胡同智造：关于设计方法的教学实践 = Creative Spaces in Hutong An Educational Practice for Design Methods / 杨宇，韩文强，崔冬晖编著 . —北京：中国建筑工业出版社，2021.1
（全国高等美术院校建筑与环境艺术设计专业教学丛书）
ISBN 978-7-112-25482-8

Ⅰ.①胡… Ⅱ.①杨…②韩…③崔… Ⅲ.①胡同—设计—高等学校—教学参考资料 Ⅳ.① U412.37

中国版本图书馆 CIP 数据核字（2020）第 187219 号

在当代快速变化的社会条件下不断涌现出了新的人居环境问题要求，室内设计教学在培养学生掌握专业知识和空间创造力的同时，更需要理解当代社会环境、生活方式、技术观念的改变。本书为中央美术学院建筑学院室内专业设计的课程教学实践成果，课题在实践之中要求学生根据现存的建筑与场地条件，进行建筑与室内的一体化设计，提出了"系统性设计"的概念。从"环境改造"的角度去理解和认识新与旧、内与外、身体与空间之间的相互关系，培养学生以问题为导向的设计思路和方法。它是一种培养学生解决问题、思维创新和沟通技巧的综合能力的教学方式。本书适用于建筑设计、室内设计、环境设计专业的师生，以及对室内设计感兴趣的人士阅读。

责任编辑：唐 旭
文字编辑：李东禧 孙 硕
责任校对：张惠雯

全国高等美术院校建筑与环境艺术设计专业教学丛书
胡同智造 关于设计方法的教学实践
Creative Spaces in Hutong An Educational Practice for Design Methods
杨 宇 韩文强 崔冬晖 编著
*
中国建筑工业出版社出版、发行（北京海淀三里河路 9 号）
各地新华书店、建筑书店经销
北京点击世代文化传媒有限公司制版
北京京华铭诚工贸有限公司印刷
*
开本：889 毫米 ×1194 毫米 1/20 印张：7⅖ 字数：245 千字
2021 年 2 月第一版　2021 年 2 月第一次印刷
定价：**48.00** 元
ISBN 978-7-112-25482-8
（36500）

版权所有　翻印必究
如有印装质量问题，可寄本社图书出版中心退换
（邮政编码 100037）

目　录

绪论 ... 006

寻找创新思维——关于设计方法　杨宇 ... 007
"改与造"的课题实验　韩文强 ... 008
空间设计教育成果表达的内核探索　崔冬晖 ... 009

128 课时＝？　系统性设计教学 ... 010

课程介绍 ... 011
建立系统性设计教学框架 ... 013

01

02 | 调研阶段　发现和创造场所的活力 　016

观察与倾听
　　建立调研框架 　020
发现价值 & 问题的解决
　　概念的生成 　034

设计方案阶段　空间研究 　040 | 03

空间解读 & 场地还原
　　1∶200 聚落模型 　042
空间意识的建立
　　路径与功能 　043
形式研究
　　1∶50 工作模型 　046

04 | 可建造研究　模型制作 　052

新旧材料的转换 　056
材料特性与空间的关系 　057
模拟与仿真
　　材料的真实性 　062
模拟与仿真
　　模型制作工艺——材料篇 　063
模拟与仿真
　　模型制作工艺——制作篇 　065

检验与表达　空间的二次认知 　　　　　　　　068

叙事性图像表达
　　　人物、时间、场景　建立叙事框架　　　098
叙事性图像表达
　　　叙事的情景　场景建立　　　　　　　　099
叙事性图像表达
　　　图像的语境　情境式的话语体系　　　　105
叙事性图像表达
　　　模型照片中的镜头叙事表达　　　　　　106
叙事性图像表达
　　　光影、材料与空间的叙事性　　　　　　109
可建造研究　精细化图纸绘制
　　　绘图与空间的关系　　　　　　　　　　112
可建造研究　精细化图纸绘制
　　　精细化图纸绘制的目的　　　　　　　　131

05

图像与文本的综合图示　　　　　　　　　138

展览与评图
　　　主题 - 内容 - 展示　　　　　　　　　　141

06

- 绪 论 -

  面对飞速发展的社会，灵活的应变思维和快速准确的判断力是最为重要的，室内专业教学在培养学生掌握相关专业知识和空间塑造能力的同时，更强调人文环境的艺术表达与设计形式的原创力，以及严谨的逻辑分析能力。在中央美术学院的整体艺术氛围的带动下，学院非常重视理论基础和艺术感知力的培养。学院从低年级就开始了大量的包含建筑理论与空间构成的基础训练，同时还注意对学生动手能力的培养，开设了空间技术搭建等实际操作课程。通过大量的理论授课和聘请活跃在当前设计领域前沿的设计师和团体举办讲座，使学生充分了解当代的设计思潮，对于设计潮流的发展和演变，对空间形式的探索有着强烈的兴趣。这使他们能够在进入专业后把所学到的知识充分运用在专业设计的过程中。

寻找创新思维——关于设计方法　杨宇

培养学生的创新思维是在设计教学中作为设计方法训练的最终目的。我们所关注的不是灵光乍现的创新结果，而是为实现设计的"唯一性"所建立的创新思维方法。那么，如何找到创新思维的切入点，也就是如何建立一个引发设计形式的概念？

创新的基础建立在对设计对象的了解之上，必须深入理解所从事的设计内容，才有可能提出有价值的改进，这种改进可能是具体的美学形式的突破、使用功能的优化，一种新的生活方式的出现，也可以是一种可传播的话题现象。

随着对教育问题的更深入研究，我们发现，就设计教育的本质而言，相比"技法"，"方法"其实更为重要，它是链接学校教育和职业化进程中的纽带，甚至超越了建筑、室内的学科范畴。由于它研究的是一种解决问题的途径，因而，对设计方法的掌握直接会影响学生在毕业后走向职业化的思维方式。在这门课程中，设计的定义是"解决问题"，"设计方法"就是以什么样的方式方法来观察和解决问题。我们之所以强调"方法"，就是通过一种客观的叙述方式来对设计过程进行掌控。如果将学生摄取知识的过程比喻成穿越迷宫，那么，借用意大利学者安伯托·艾柯（Umberto Eco）对于百科全书的阐述，教学就是老师帮助学生寻找"阿里阿德涅之线"[1]的过程。设计方法是注重训练学生的设计过程，设计角色的转换意识。传统的学习教学模式是由老师讲授到学生接受的自上而下的线性结构。而当下，面对全球化到来之后的信息化和知识共享的时代，教学模式进入到了网状的结构，即以发散性思维为导向，从不同的角度和思路寻找解决问题的方法。在学科交叉的背景下，基于不同的专业视角有利于发现新的问题以及寻找新的解决方案。由此，问题与解决方案并不是由单一的路径联系，而是以动态的形式与各种看似无关的节点相结合。在这样的时代中，室内设计的范畴已经不再局限于作为传统的"设计技能"。设计师必须要跳出形式语言的圈子去思考到底是什么决定了设计的结果。设计不仅需要完整的理论系统，同时需要对社会的理解，包括对人性的理解、对生活方式的理解。

---

[1] 阿里阿德涅之线：来源于古希腊神话。常用来比喻走出迷宫的方法和路径，解决复杂问题的线索。

"改与造"的课题实验　韩文强

为什么用旧建筑改造作为室内设计专业的入门课程呢？我觉得有以下几点考虑。

首先，"改"建立在原有条件的基础之上。所有的室内设计都是对原有建筑的改造或者再创造的过程。对于初学室内设计专业的学生而言，认识到新的设计与旧的建筑限制条件之间的辩证关系是十分必要的。任何设计并不是孤立的在一张白纸上进行的，必须考虑到其背后的背景环境的制约。而旧建筑通常都包含着丰富的历史传统、生活习俗、文化内涵等背景资源，分析和了解旧建筑本身就是重要的学习过程。这种对于"旧"的解读和学习正是培育"新"的设计的土壤。我们想要引导学生将重点放在新与旧的相互关系上，好设计是新与旧的和谐。

第二，"改"是一种应变的过程。所谓改造，就是在时代与社会条件变化的条件下，对已有的环境做出适当的改变，是因时因地的再利用过程。而室内设计正需要设计师能够敏锐地捕捉到这种时代与社会条件的变化，以此作为新的能量去推动环境升级。改造的动能来自于对社会需求的洞察，这往往是在学校里学生所缺乏的。所以作为室内设计的入门课程，我们要学生必须走出去实地调研，尝试用年轻人的视角去发现环境问题，努力找出解决问题的办法。在这个快速变化的时代，做设计要有真情实感。

第三，不论怎么"改"，最终要落实在"造"上。空间的营造和场景的营造始终是室内设计领域的核心问题。对设计初学者来说，尤其处在这样一个海量信息的时代，一味地沉醉于电脑虚拟的效果和形式化操作显然是不可取的。虽然教学课题不是真实的设计项目，无法真正地实地建造。但我们还是可以借助一些方法，让学生从空间和场景营造的角度去理解设计。我们希望，设计是被"制作"出来的。

模型和图纸依然是设计课题学习的主要工具，我们对着两个常规工具做了非常规的要求。学习空间营造主要通过不同尺度的模型，最终要完成比例在 1：20 左右的大比尺的模型，这对学生的设计深度和制作能力应该是一种考验。学生制作大尺度的模型自然需要综合考虑如基础的稳固、结构的安全、材料的肌理、尺度的适宜等很多问题，而且需要大量的时间和精力去动手。模型即是一种真实的存在。制作模型的过程，计划、观察、修改、触摸、拍照，身体力行地去体会和记录真实的空间氛围，这是设计学习的重要经验。

场景的营造主要通过绘制一系列场景叙事草图以及大比例的剖面图。我们把图纸视为一种再创作的过程。学生有机会变身成为一名导演，在自己设计的空间里，结合人群、使用模式，演绎出精彩的故事情节。这些情节类似电影的分镜头，再由学生个性化的方式表达出来，在表达的过程中去发现空间设计潜在的价值。

空间设计教育成果表达的内核探索　崔冬晖

在课程介绍中我们已经确认，空间设计是在一个变化的环境之中理性地分析问题，找出解决问题的途径，其答案也往往超越了以往建筑、室内的学科划分范畴。因此我们在这个课题之中要求学生根据现存的建筑与场地条件，进行建筑与室内的一体化设计。我们明确从"环境改造"的角度去理解和认识新与旧、内与外、身体与空间之间的相互关系，培养学生以问题为导向的设计思路和方法。

空间设计教育在这些年教育方法发展与社会价值观发生快速变化的当下，非常需要通过这种手眼心一体化调动的大工作量课题将学生对于"什么是空间设计？""我想的出来但是怎么表达？""我表达出来了，但是正确吗？"这几个疑问得到综合性解惑。

介于此，我们三位老师通过几年的磨合，利用这一课程把新旧空间的转换 / 空间内与外的联系 / 人与空间的关系通过调研 / 分析 / 梳理问题 / 设计 / 表达这几个步骤做课程训练与处理。最后通过模型与图纸的充分表达，让学生全因素了解空间设计的内核目的。

另外，从我们的角度出发，除了在这一教学实践中让学生了解设计方法。还想通过方法的磨砺，传递给他们正确的价值观，即人与城市的关系、人与空间的关系。设计师作为倾听者，需要尊重城市的历史与传统，更要尊重使用者的需求。当然也要学会了解社会价值观与空间改造之间妥协的平衡问题。这些内容我们在课程中，通过与学生的沟通和对于方案修订过程中的取舍，试图给学生建立一种导向、一种思维方法。

本书成册也是希望更多设计教育工作者和学生了解课程的价值与目的，并为更多其他课程铺陈好良好的设计习惯与表现习惯。

01

-128课时 = ? -

系统性设计教学

课程介绍

本课程是学生进入室内专业的第一个设计课题。在当代快速变化的社会条件下，不断涌现出的新的人居环境问题要求室内设计教学在培养学生掌握专业知识和空间创造力的同时，更需要理解当代社会环境、生活方式、技术观念的改变。空间设计是在一个变化的环境之中理性地分析问题，找出解决问题的途径，其答案也往往超越了以往建筑、室内的学科划分范畴。因此我们在这个课题之中要求学生根据现存的建筑与场地条件，进行建筑与室内的一体化设计，从"环境改造"的角度去理解和认识新与旧、内与外、身体与空间之间的相互关系，培养学生以问题为导向的设计思路和方法。引导学生思考三组互动关系：

1. 内与外的关系： 内与外可以理解为空间界限的关系。在传统庭院建筑中，内与外之间的反差、交替、叠加可以塑造出空间的性格。物质环境是内外连续的整体，外部的环境如庭院、天井、光、景观都是内部空间可以借用的资源。内外之间的设计是否可以产生新的可能。

2. 新与旧的关系： 新与旧是指两者之间的一种时间上的关系。旧建筑产生于特定的历史时期，往往是一个地域重要的文化记忆。新并不意味着是完全取代旧有的城市记忆，新和旧的共存和对话反而会激活建筑历史的价值，增加更多维度的空间体验。

3. 身体与空间的关系： 空间即是身体的延伸，身体在知觉、运动、行为等角度与空间存在着多样的关联。身体的感官经验和行为习惯不但反映在日常生活的无意识当中，也是空间设计可以借鉴的宝贵源泉。

课题在场地上有意选择旧城胡同小型院落，目的是让学生从小尺度的空间入手，更为直观地理解人、室内、建筑、环境之间的相互联系，使学生经过一系列的设计训练，初步掌握并总结出一套适合自己的设计方法和思维习惯。

2017年课题题目：胡同智造

　　胡同街区是北京代表性的地域符号，但显而易见的是，相比于其厚重的历史积淀，现实的胡同生活存在着诸多问题。从菊儿胡同到琉璃厂，从大栅栏的有机更新到白塔寺的小院重生，我们能看到探索胡同街区未来发展的各种尝试。可以肯定的是，复兴传统街区并没有标准答案，必须根据一个特定区域中特定时段下的特定需求去考量。

　　课题选择北京天桥区域居住环境作为背景，五处正待改造的地点，由二十几位同学根据个人的观察和调研，分别完成各自的策划和设计。如何结合区内居民的生活方式和居住习惯，设立恰当的社区服务站点，并为社区创造一种新的公共空间模式，期待每一位同学都给出他们的答案。在胡同与院落中，重新找回东方的居住理想，从传统中寻找古老的空间智慧，重新激发旧城空间的活力，探索胡同有机更新的途径。

　　课程以建筑现象学为理论分析背景，相关延伸阅读资料包括《场所精神——迈向建筑现象学》（诺伯舒兹，华中科技大学出版社）、《隐形逻辑》（张卫平，东南大学出版社）、《华夏意匠——中国古典建筑设计原理分析》（李允鉌，天津大学出版社）等。

　　随着电脑数字媒体在设计院校的普及，电脑建模、电脑绘图等技术使"表达"成为无限接近真实的可能。在当代设计教学中出现了"数字化主义"。所有的设计灵感可以在最快的时间转化为无限接近真实的"图像"。这种快速的图像化，使学生难以专注于思维的反证、询证和因果论证的思辨，而急于通过"技巧"来完成设计结果。另一方面，在信息过剩的时代，学生每天都会接收大量的视觉素材，这使他们会在潜移默化中形成带有自我偏好的思维模式和美学趣味。

建立系统性设计教学框架

中央美术学院建筑学院室内设计专业本科学制五年，一、二年级为专业基础教育课程，三、四年级为专业课程，第五年进入导师工作室进行毕业创作。室内设计专业三、四年级课程设置以室内课程为主，分别设有建筑改造、居室设计、办公空间设计、各类型商业空间设计等专业设计课程。另外，与专业课程对应的辅助配套课程有室内色彩设计、室内材料材质设计与光环境设计。

本次课程历时16周，共计128课时。我们提出了"系统性设计"概念。它是一种培养学生解决问题、思维创新和沟通技巧的综合能力的教学方式。系统性设计教学模式是在课程中强调设计环节间的整合。其特点在于根据设计过程中需要解决的设计思维、设计技巧和设计表达等进行阶段切分，在各个阶段设定教学内容和教学目标，针对各阶段相关问题进行设计教学。各阶段的内容具有相对独立性，但同时又相互关联。

16周的授课形式除了课堂讲授之外,分为五个部分：
1. 以实地调研出发，对设计对象进行深度分析，并引发设计概念；
2. 通过研究场地的新旧关系来进行抽象概念的图解式推敲，进而整合空间形式与功能；
3. 以材料模型制作建立"可建造"的材料与构造研究；
4. 将叙事画图像和情景式模型照片，结合深度图纸绘制实现将设计深化和设计表达转化为对空间进行"二次认知"的设计方法；
5. 通过课程展览进行综合文本的梳理与总结。

一方面，这种综合性教学模式，不仅培养学生的设计思维，也更加强调学生的动手能力、信息收集与整合能力、团队协作能力、交流与沟通能力等作为设计师的综合能力。另一方面，在不同的教学形式中融入了不同的设计思维训练。如在调研考察中，学生需要接触统计学、社会学等；在设计概念与方案整合中，学生需要建立空间认知和行为学的研究意识；在材料模型的制作过程和图纸绘制中，学生要面临大量的材料物理与建造结构等各种问题。在设计表达阶段，学生对于基于人物、空间、行为的叙事性场景建构的方式有所了解和掌握。我们在设计教学中围绕时代的变化不断调整教学策略，建立更为活跃的、共享型的、开放的教学平台。

/课程阶段/	/工作内容/	/工作成果/	/教学时间/
第一阶段：观察与倾听	场地调研、使用策划、设计概念	策划报告、草图、体量模型（1：200）	2周
以场地调研来引导设计概念的产生。摆脱模式化的基地分析，要求学生充分发挥个人的观察体会与相关背景资料阅读、相关案例调研相结合，对场地进行设计可行性分析。问题聚焦于空间与场地的关系：一、讨论场地物理环境的限制，确定改造的位置边界与胡同、邻里、肌理的关系；二、讨论空间使用模式与社区的联系，要求学生确定空间的使用人群、使用模式、时段等，并进行价值评估，以此引发空间设计思考。结合功能策划进行概念提案，要求运用 PPT 文本与图像结合的形式将设计概念视觉化。鼓励学生通过个性化的自由表达，在概念陈述过程中提升情绪反应和情感认知。			
阶段总结与讲评			
第二阶段：空间研究	结构与功能深化、材料研究	手工草图模型（1：50）、电子模型、平立剖面草图	4周
通过对场地和新出现的功能的关系，场地原有建筑结构与新的空间构造的关系，新植入的建筑材料与原有建筑材料的关系等三个方面研究空间形态。由此，将概念方案的场景草图初步转化为立体的空间实体模型。这一阶段重点是分析旧有建筑与新建筑在结构、空间、功能使用上的关系。利用 1：50 模型呈现出建筑空间新与旧的关系，进一步分析流线、视线、景观对内外空间的影响。			
阶段总结与讲评			

第三阶段：可建造研究	高精度材料模型	1：20 材料模型	4 周
这一阶段是对设计成果进行整合，将方案放在可建造的层面上进行检验。因此，我们要求学生制作大比例的手工材料模型，通过亲自动手，建立起材料和工艺的认识。在课程中逐步形成材料与场地、材料与结构、材料与人的情感关系。让学生通过材料模型的制作，以真实的模型空间的塑造对方案的构想进行推敲和视觉化。在制作模型的过程中理解材料的物质性与情感意象。			
阶段总结与讲评			

第四阶段：检验与表达—空间的二次认知	模型拍照、设计方案的图解表达、细节化图纸绘制	情景化模型照片、情景叙事训练、平面图、透视剖面图（1：20）	5 周
将"空间的二次认知"作为设计表达的目标，其目的在于让学生通过个性化的自由表达，重新审视和检验设计成果，发现设计潜在的价值。图像化叙事在这一阶段中的作用在于将传统的"手绘图"作为叙事性场景建构的设计方法。它是建立在对场景图像或叙事过程中的情感捕捉的基础上的。要实现这一目标，同时还必须要将在各自所建造的三维实体材料模型转化为情景化的叙事空间场景。通过模型照片的拍摄，感受材料模型所建立的空间体验。 图纸绘制包含大比例的平面图和透视剖面图。在图纸绘制的内容上，不仅是建筑结构的细节深化，也需要展现人物活动行为和空间以及家具的尺度关系。"表现"不是最终目的，我们鼓励学生通过可视化的视觉表达，重新审视和检验设计成果，发现设计的潜在价值。			
阶段总结与讲评			

文本的综合建立与评价	展览与评图	模型，图纸展览	1 周
以展览的形式纳入设计的最终评价体系。将 128 课时的所有成果进行整理，综合检验学生对设计的逻辑梳理能力。			
总结与反馈			

02

- 调 研 阶 段 -

发现和创造场所的活力

我们提倡的是首先让学生对相关行业进行细致的调研，并要求学生在进行课程设计的开始阶段，就必须要进行深入的场地和社会人群调研，在充分掌握第一手资料的前提下，再通过进一步的分析和研究，进而梳理出设计需要解决的问题和最终所需要实现的解决方式的愿景。调研之后就是对相应的运行模式进行探讨。探讨之后他们会发现，除了设计的形式语言之外，业态背后的功能需求或运营模式可能才是决定设计结果的重要因素。未来的设计师绝不再是单纯的设计服务者，一定要参与到制定设计策略的工作中去。这一研究过程本身即强制性地把学生推出教室，让他们站到鲜活的社会问题前沿，并在此基础上尝试寻找可行的解决之道。历史学、文化地理学、社会学的系统知识和统计学的分析方法结合田野调查的实践成果，可以为设计创新提供坚实的基础和极具价值的线索。

天桥地区历史发展沿革和现状问题

北京天桥地区区别于其他区域的特点在于其隐藏在历史文脉中的平民性与娱乐性。所谓"酒旗戏鼓天桥市,多少游人不忆家"[1]。在民国初年,真正成为繁荣的平民市场,被视为老北京平民社会的典型区域。正如著名学者齐如山在《天桥一览序》中所述:"天桥者,因北平下级民众会合憩息之所也。入其中,而北平之社会风俗,一斑可见。"1909~1928年期间,近现代北京城改造使得城市空间发生了剧烈的变化,改变了天桥地区的交通区位。此时天桥一带也从单纯的商贸集散地向平民化的商业、演艺、文化综合区发展。历经民国、建国初期、"文化大革命"、改革开放以至今天的住房改革和新北京的城市规划,天桥地区的发展已经成为一个传统与现代生活方式、文化底蕴与城市发展问题相互交错的综合性研究课题。

居民由于私人居住空间的严重不足,对街道等公共空间的挤占十分普遍。

"作为一种城市景观和城市空间的天桥是在几百年的演变和发展中历史性地形成的。天桥空间不仅产生了独特的民俗文化,而且这种具有代表性的民俗文化在历史发展中不断积淀,成为天桥地区的文化标志,是京城历史上最大的平民娱乐场所,是老北京民俗文化的集中展示地。""天桥"空间的民俗文化生产与演绎不仅存档了一个城市空间的历史文化记忆,而且为人们开启了一个集历史体验、文化感受与生活怀想于一体的"记忆空间"与"言说空间",赋予天桥一种满含文化情感,且与人的情绪互动的新的象征性与标志性。从这个意义上来说,天桥似乎脱离了实体性的城市空间,并漂浮于其上,成为一种象征着老北京人情感依附与民俗文化缩影的精神空间与文化编码。由于种种历史原因,在"民国"后的几十年里,天桥市场的范围缩小了,天桥逐渐成为城市空间中的"棚户区""脏乱场"和"边缘区",天桥空间被挤压,文化功能被弱化,东西市场、歌舞台、乐舞台、燕舞台、水心亭等在经历大火之后,或化为灰烬,或变为菜市,或由于水面淤积而沦为垃圾场,与城市的现代性发展形成了鲜明的反差。天桥地区日积月累而来的问题也越来越尖锐地暴露出来:火灾隐患、乱搭席棚、狭窄混乱、恶霸横行、乞丐云集……中华人民共和国成立后,人民政府对天桥地区与天桥艺人进行了重点改造。随着现代城市的不断发展,如何在对天桥地区进行现代城市规划和空间治理的同时保留住"老天桥"文化的原汁原味,成为一个亟待解决的问题。"[2]

[1] 易顺鼎,清末民初,《天桥曲》。
[2] 厉奇宇,高洁,柳文傲,匡广佳. 从天桥"街区诊断"看北京老城更新的现实问题 [C]. 2018 中国城市规划年会论文集,2018.

天桥地区作为北京典型的传统街区，建筑风貌包含了传统的木构四合院、民国时期的砖木结合单体建筑以及中华人民共和国成立后多种建造方式混合的"大杂院"。而这种新旧交融的混杂性构成了北京宣南文化的特色。在建筑属性上，除了平房式居住区之外，还包括20世纪五六十年代建造的老旧小区和单位大院。在人口构成方面，除了少数单位大院和研究机构集中了部分高知人群，以平房区为主体的居民杂院则容纳了大量外地务工人员和本地的低收入人群。人口老龄化是这一地区的显著特征，其中包含单位大院的大量居家养老的退休干部以及不愿搬迁而留守的平房区本地老年居民。这样的人口构成直接导致了居民自治水平较低，产权混杂，从而使街区呈现出密度高、违章建筑多的典型老旧街区特点。在商业设施方面，虽然有一些著名的北京老字号商铺，但更多的是功能型的以满足居民日常生活为目的的小型商业设施，并且在格局和视觉上杂乱无序，设施陈旧。

基于这样的现状，天桥区的整体改造必须解决老龄化人群的日间照料、活动场站、老年饭桌。在商业上兼顾历史文化传统和时代特色，整合新旧商铺增强天桥特色。在文化保护方面，还原历史文物建筑的原貌，提升周边的环境品质。空间的活化与再生是我们此次改造的核心命题。天桥的"平民化"特质是其区别于其他北京旧城区的最具特色的文化性格。而平民化在历史进程中所处的非主流性为这一区域注入了生动鲜活的活化动力。它具有持续的、自主性的、可再生的内在动因。

现状问题	原因
平房私搭乱建较多，严重影响建筑防火安全，也给传统院落肌理造成破坏	低收入人群密度过高
缺少公共聚集空间，环境品质较差	老旧小区和单位大院存在责任主体不清，改造投入不足
设施品质不佳、车辆或杂物侵占公共空间严重	
多数传统街巷卫生环境较差、电线杂乱，影响天际线	
街区内建筑在立面色彩、材质、门窗构件风格、底商牌匾设计上缺乏统一的规范和引导，造成视觉上杂乱无序、不协调之感	较多商户知识文化水平不高，资金不足，缺少由街道和政府为主导的视觉策划
文化功能较少，缺少城市文化活力	历史文化挖掘不足、缺乏政策扶持
部分街巷缺乏文化特色，生活性街巷缺少休息设施及绿植，环境不宜人；公共空间存在文化特色不足	

观察与倾听
建立调研框架

课题以北京天桥区域居住环境作为背景，选择六处正待改造的地点，由学生根据个人的观察和调研，分别完成各自的策划和设计。

在进行场地调研与当地居民和未来使用者交流过程中，学生需要突破自我情感模式，思考并理解他人感受。这样有利于探索场所深层次的内涵，接受更加真实和丰富的信息。这一阶段的工作是让学生通过设定调研结构，制定调研问卷，以现场采访和实地观察的方式，让学生去发现场地特征中所蕴含的对于未来的设计价值。

移情（Empathy）在心理学中是指建立情感认同，是站在他人立场，理解他人情感的能力。在调研的过程中，移情实现客观观察的心理基础，是学生认识体系对自我之外的现象的感同身受。在本次课题中，设计对象是当地居民或即将进入的场所使用者，移情就是在自我个体与未来用户之间建立心理感知。移情作为设计调研的心理基础，包含三个研究层级：

观察与倾听
学生的背景与生长环境决定了他们对于场地的陌生感。如何让他们建立起与场地的情感？激发他们对场地的探索欲望？熟悉场地中人们的生活方式？

学生在调研中通常会以主观性的个人倾向屏蔽大量信息。而真正的观察与倾听要求学生在这一过程中，保持探索兴趣，发现新的角度观察场地和参与者。除了所看到的物理环境和现状结果，还需要通过对话了解形成现状的原因、环境改善的目的，以及环境变化之后所产生的连带效应。

交流
通过提问与对话，让学生发现和分析未来用户的需求，确立设计对象与用户的一致性，与客户建立情感认同。

身份带入
学生模拟和还原场地环境以及所发生的生活情景，将自我身份带入到场景人物中，获得真实的情景体验。

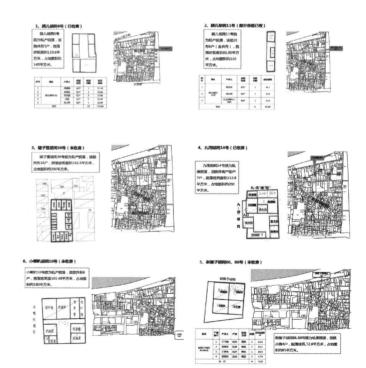

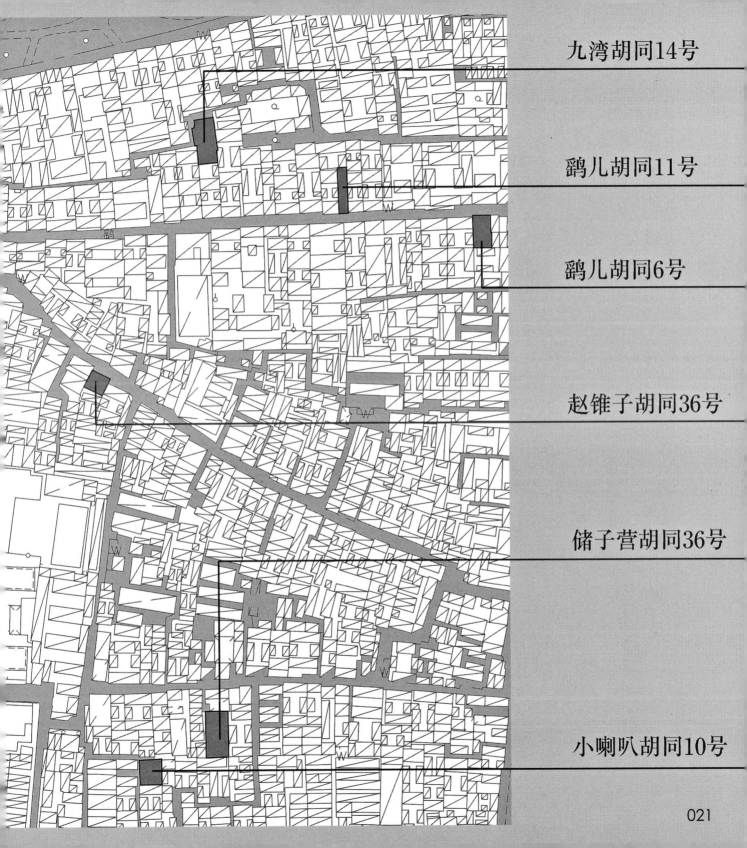

九湾胡同14号

鸦儿胡同11号

鸦儿胡同6号

赵锥子胡同36号

储子营胡同36号

小喇叭胡同10号

1. 基地区位
储子营胡同36号

2. 紧邻天桥演艺区
已形成成熟的曲艺、相声、影视等多种类型的文化核心区。

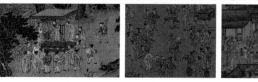

现状
基地位于储子营胡同36号，紧邻天桥演艺中心，已形成成熟的曲艺、相声、影视等多种类型的文化核心区。

历史
天桥北片区是北京天桥文化的孕育地之一，是天桥目前保存最完整、规模最大的历史风貌区，具有历史与现代交织互融的独特城市肌理和风貌。清末民初，出现了所谓的"天桥八怪"，标志着天桥的百样杂耍表演已经成为该地区文化以及北京社会底层市井文化的一个标志。

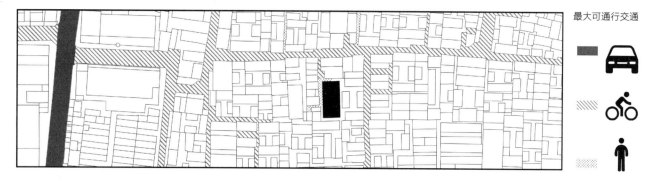

最大可通行交通

储子营胡同 36 号 CAFA 2016级 朱叶 王嘉琪 李蕴冰

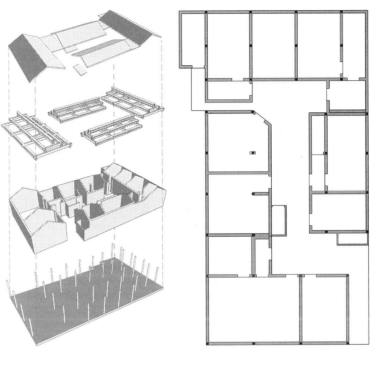

基地现状

储子营胡同36号院为私产院落，南北朝向。
现有居民15户，
院落建筑面积192.3平方米，
占地面积约250平方米。

基地模型

社区人口特征

年龄结构老龄化较为严重：16岁以下占10%，17~64岁占60%，65岁以上占30%；
收入偏低：平均3000元/月，仅能满足基本生活需求，低于北京4377元/月平均收入。

基地入口情况

基地院内现状

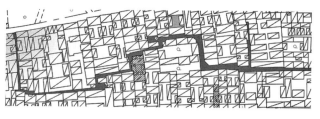

关于场地——九湾胡同：

这次课题项目的地点选址位于九湾胡同。九湾胡同所处区域北边是校尉营胡同，东边是铺陈市胡同，南边是鹞儿胡同，西边是留学路，九湾胡同位于四条主要胡同形成区域的中间，而课题的院子位于这个区域的正中心，是九湾胡同14号。

九湾胡同因拐弯众多而得名，所以整条街道具有一种深远氛围。街道从东边进入前一半的路程住户较多，但后一半路程住户很少，也很少有人经过。

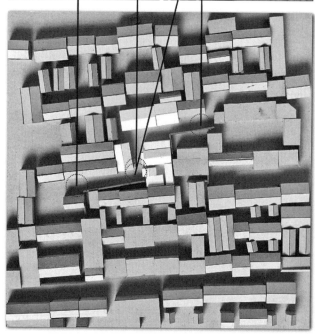

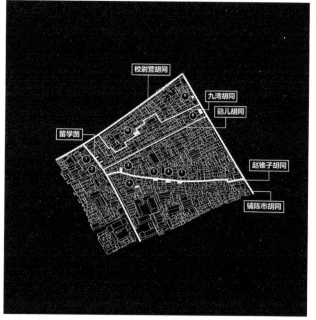

九湾胡同 14 号 CAFA 2016 级 孟罡宇 崔珈宁 李泽新

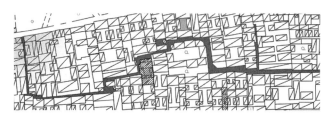

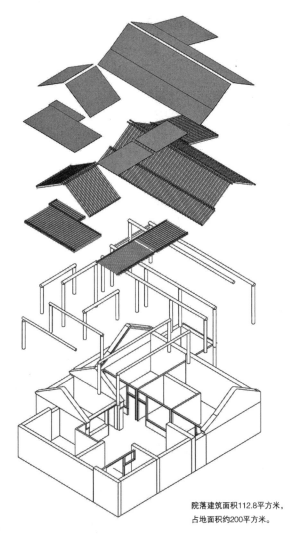

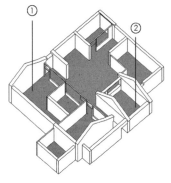 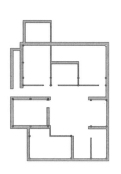

原建筑平面概况

关于九湾胡同14号：

原先的院子占地面积200平方米左右，建筑面积112.8平方米左右，北边与西边的房子（下图）年代比较久，是传统的砖瓦斜顶房屋，其他的房屋都比较新，还有一部分是比较临时的搭建物。

院子的位置处在整个九湾胡同的中心部位，一直以来人们都从东边的路口进入胡同然后从西边的路口离开。

院落建筑面积112.8平方米，
占地面积约200平方米。

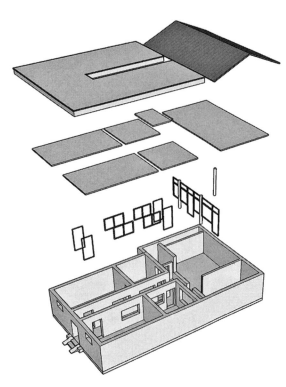

院落建筑面积119.6平方米，占地面积约140平方米。

基地南侧由明清时期旧式木结构民居改建，
北侧为民国年代加建的平房。

属于留学路社区，位于鹞儿胡同。

腾退前为私宅，
现作为留学路居民委员会临时办公地点。

← 原始材质

原始平面 →

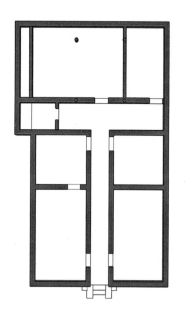

鹞儿胡同 6 号

CAFA 2016 级 钟晓婧 米拉

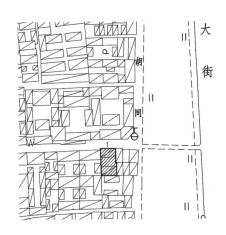

基地内无卫浴空间，但距离公厕和澡堂很近。

基地位置偏僻，若无特定目的无人问津。

道路较为宽阔，距离城市主道路十分近，公共交通发达，出行便利。

低端商业为主，满足居民基本需求。

基地出发800米内有两所学校。

公益服务建筑设施得不到高效利用。

概况	以留学路为中心，东西两侧胡同为居民区
住户	多为租户，人口流动性大，老龄化严重
业态	食杂店，目标顾客以居民为主
交通	公交站数目多，东北角有地铁站
教育	香厂路小学、兴华小学

留学路社区

所处街区特点

传统街巷与现代方格网道路并存，同时保留了明清与民国建筑肌理特征。

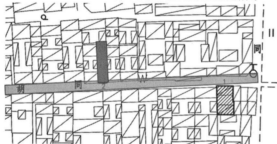

交通

鹞儿胡同：直线状，东西向，路宽两米多，停有较多自行车，一辆小轿车。

基 地：珠市口地铁站步行距离约400米，最近的公交站步行距离100多米，向西走1分钟到留学路。

生活

基地距离留学路很近，餐馆、小卖部有很多，还有小摊贩、理发店、打印店，门店规模普遍较小，卫生状态一般，基地向东十几米就有一个公厕，附近公厕数量也比较多。

整体来讲，交通便利，生活也方便，只是质量不高。

鹞儿胡同部分北立面拼贴

沿街楼体大致高度相差不大，所截取的路段北面除了一个公厕以外全部是居民建筑传统胡同立面与现代加建立面并存。

鹞儿胡同 11 号 CAFA 2016 级 白玉洁 聂微雨 李石一

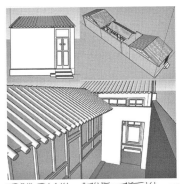

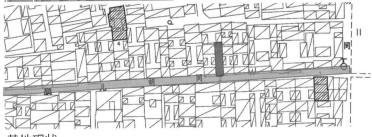

基地现状

院落建筑面积65平方米，
占地面积约110平方米，
面积小，南北向窄长形，临街面宽度仅有4.5米。

附近（500米以内）的宾馆
住宿一晚一百多至三百多的都有

鹞儿胡同　两米多
行走舒适，勉强通车

铺陈市胡同　四米多
宽敞，车辆互通

附近小胡同，一米左右
窄深的人行巷子

胡同尺度比较

鞋料店　现已搬走
彩色印刷厂
留学路社区居民委员会
修下水道

周边商铺

029

赵锥子胡同86号

CAFA
2016级
岳昕依
彭悦亭
姜宇晴

赵锥子胡同位于北京天桥的留学路社区里,北临大栅栏街1公里,天安门景区2.7公里,东面毗邻天坛景区,步行280米即可到达前门大街,是北京城区规划的历史文化保护区,南锣鼓巷、西四北一条至八条等就被定为四合院平房保护区。胡同不仅仅只是建筑,史是我国历史繁衍的见证与文化的深厚积淀,所以应当被保护保留,但是面临现代化交通的发展与规划,胡同需要被改造。

赵锥子胡同道路整洁,无垃圾乱堆放、自行车占到现象,卫生状况良好。一层为平房时往往有加建情况出现。

合顺居饭店已有百年历史,招牌位于场地对面,饭店虽废弃多年,招牌仍保存完好,历史意义保留相对完好,与南锣鼓巷等"翻新"的强烈人造感形成对比。

基地总图,北靠胡同,宽约4.75米

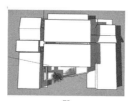
顶视
基地占地面积偏小,南面采光较好

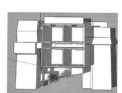
二层为屋顶加建,活动板房材质
西侧铁长胡同社专入口

一层墓础,砖瓦结构,两端房屋源可以套割出
筒子中卷一楼7米左右高的春椿树

交通现状:
公交站点多,公共交通十分便捷,使其能够更好的利用旅游资源,吸引人流。

场地原貌

街道全景

周边情况

赵锥子胡同道路整洁,无垃圾乱堆放、自行车占道现象,卫生状况良好。一层为平房时往往有加建情况出现。

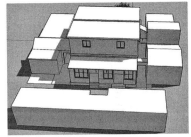

基地模型

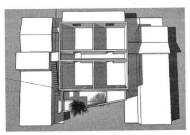
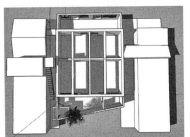

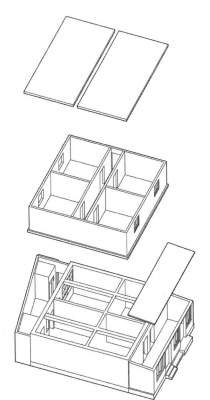

基地现状

院落建筑面积约86.4平方米,
占地面积约105平方米,
基地占地面积偏小,南面采光较好,
北侧临街,宽约4.75米,
一层砖混结构,二层为屋顶加建,活动板房材质,
西侧狭长胡同处有入口,
院子中有一棵7米左右高的香椿树。

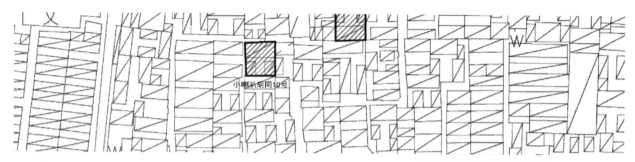

交通
从基地步行至珠市口地铁站9分钟,步行至天桥艺术中心10分钟,步行至天坛16分钟。
环境
干净整洁,气氛幽静,独特窄道极具特色,从市区走进来颇有"穿越"之感。
最窄
如同桃花源记中"初极狭,才通人。复行数步,豁然开朗"的描述,处在偌大的胡同群里,具有大隐隐于市的气质。
明开夜合
难为人识,在特定时间里,才会开放。明开夜合别名"夜合花",纳兰容若曾作五律《夜合花》,大意为夜合花能消除愁思。
发展方向
特色民宿。

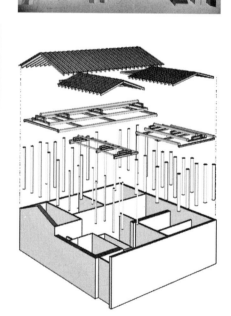

小喇叭胡同 10 号 CAFA 2016级 邓袭珈 刘德莹

调研框架

历史、传统、当代性		目的与作用
环境	街区、室内、室外、家具	促进情感融入，激发学生对场地的兴趣。兴趣可以激发对于事物的认知和探究的渴望，从而创造性的提出解决方案
交流	街区的活力，人们的交互意愿	
文化认同	多数传统居住者的历史和地域情感	
人在环境中的行为特征		**目的与作用**
胡同中的人群结构	性别比例	只有倾听和观察，感知他人情感，抛开固有思维模式和偏见，才能提升观察力，通过具体的数据发现问题。同时，数据的深入和详细程度决定了学生们所能观察到的深度和广度
	年龄比例	
	地域比例	
	居住者对本土文化的认同感	
	居住者对现有生活方式的感受	
空间特色		**目的与作用**
形式特征	私密	进行情景带入，感受场地对人的物理与心理影响
	公共	
	采光	
	交互	

调研问卷的制定

调研阶段需要解决的是从场地认知中寻找设计的切入点。现场调研的核心在于让学生观察到真实的生活状态，避免造成被主观意识所左右，忽略不符合自己固有思维模式的信息，只看到他们自己想看到的。因此，让学生根据调研框架，制定自己的调研问卷，有助于帮助学生实现观察的真实性，避免先入为主的思维定式。调研问卷的内容会提高学生观察的敏感度，开阔思路，让他们从多角度客观、细致的审视素材，建立信息库。

A 说：以前在胡同住的时候，一到晚上，街坊们都到大街上或就在胡同里吃晚饭，摆上个小方桌，坐个老爷子，一手拿蒲扇，一手拿酒盅，桌上放盘花生米再放个话匣子，放着京剧，老爷子一口酒一口菜地吃着听着，旁边的孩子在一如既往地追跑，其他的邻居聊着家常，乘着凉。

B 说：其实我们不奢望住多大的房子，不要求太奢华的布置，只想能在自己奔波了大半辈子后能安安生生地度过晚年，儿女都在身边，时不常地回家看看，身边有能说得上话的老街坊。

C 说：怀念小时候院子里的枣树，怀念长长的胡同和坐在胡同口儿乘凉的老街坊们，怀念老北京浓浓的人情。难道这些就只能怀念了吗？

D 说：每每走在胡同中，都会有一种无法言语的熟悉感与亲切感，总会想起已经被拆掉的家：灰窄的道路，宽敞的北房，温暖的小屋，亲切的脸庞……一切都在脑海中浮现了出来。

E 说：胡同里存着多少童年的故事，多少漆黑与感动。走在胡同里的感觉难以形容，树枝阁楼、残阳碎墙给人另一种情境、另一种感动。可惜推土机来的时候，一切都消失了，比胡同更可怜的是留恋它的人。

附图：学生通过对街道原住民的访谈和记录，去感受他们的内心真实物质与情感需求。同时，这种面对面的语言交流，使学生和原住民建立起情感交流。这些文字最终会对学生的设计策划和方案形式起到引导作用。

发现价值 & 问题的解决
概念的生成

如果说设计是一场游戏，我们希望学生成为游戏的设计者，不要总作游戏的玩家。未来的设计师绝不再是单纯的设计服务者，一定要去参与到制定设计策略的工作中去。这一概念的生成过程本身即强制性地把学生推出教室，让他们站到鲜活的社会问题的前沿，并在此基础上尝试寻找可行的解决之道。

让观察成为创造力的开始

观察的目的是为了找出场所中隐藏的问题，包括已知问题和未知问题。即发现隐藏在日常生活中看似平常，但却具有改变可能性的事物与现象。学生对现象的观察包含两个部分：一、事件与现象发生的原因与规律；二、事件与现象的发生对于人的行为的影响。所谓在观察中发现价值，在于以事件对于人们日常行为的影响作为标准，而事件与现象的成因是作为调研的基础素材，最终，学生必须从这些资料中提炼出能够改善或改变既有日常生活方式的有价值的创新想法。

发现事物相互的关联性

苏联当代心理学家葛播万和斯培认为，任何两个概念（或词语）都可以经过四至五个步骤建立联想联系。我们不希望学生在学校中过早地形成模式化思维，我们鼓励学生的发散性思维和横向思维方法。横向思维：是一种跨学科的思维方法，从胡同的空间条件、文化识别性到商业价值之间寻找解决问题的方法。发散性思维：从解决胡同形式或功能的单一问题入手，尝试从不同的角度和思路激发想象力，引发设计的各种可能性。开阔思维视野，在创意过程中，发散性思维是决定因素。

建立问题意识，从问题出发，思考设计概念

这一阶段在教学中，应注意鼓励学生通过不同的思维方式来看待问题和解决问题。例如：辩证式思维是从不同角度去思考场地、参与人员和功能需求之间的相互关系，最终形成设计方向；创新思维分为适应性创新与颠覆性创新。适应性创新是对已知信息进行抽离，筛选和重组的过程。颠覆性创新即反向思维方式，是用于对已知解决方案进行否定、颠覆或替换。

我们鼓励学生以发问的形式，对场地中人们未来的生活方式、场地的运营策略、场地的区域属性等对问题的解决做出回应。而这一切，都是建立在对场地深入的调研基础上。我们认为所有的创新都应当来自于对对象的了解。

场所认同：未来的设计是否能够满足当地人对生活的认同，反映了人们的居住状况对居住环境的期待？

材料的适用性：在材料的使用上，是否适应环境，形成对周围环境的呼应？

公民参与性：能否换位思考，摆脱以自我为中心的思维定式，创造出当地人们乐于交流的公共性空间？

设计的当代性：能否实现让不同价值观的人们身处场所中，形成具有当代性的都市文化？

可传播性：是否可以打破传统的生活模式和建筑形式语言，以年轻、现代、可传播为导向，创造当下新型消费空间？

调研阶段老师讲评

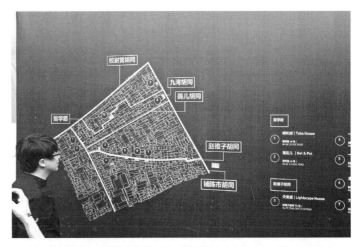

在这一阶段，我们不仅鼓励学生去实地考察，同时邀请了当地政府以及相关领域专家给学生们进行现场讲解。这些政府人员和专家以不同的视角向学生们介绍了场地的历史演变、居民生活现状、目前存在的问题和政府层面上对于场地乃至整体区域的未来规划思路。这些资讯超出了教学所能带给学生的内容，对于学生理解场地及城市发展有着非常大的帮助。而学生们在课程开始时，由于其自身的生长环境和社会经历与课题所涉及的领域的差异性，多数学生对于北京胡同、杂院和旧城处于极度陌生的状态。但是经过多次在现场对当地生活的观察，倾听当地居民的想法并主动与他们进行交谈，学生们与场地以及当地的生活方式建立了一种从陌生到逐渐理解的情感关系，这种情感为他们接下来的设计工作形成了良好的驱动力。在功能策划的过程中，他们逐渐抛弃了最初先入为主的想法，开始真正的从历史文化的在地性、个体和群体的生活方式等层面上为场地赋予符合当地特点及需求的新元素。

P36、P37《黄包车计划——前门西河沿街159号更新》，作者：中央美院，2014级，文均钰，杨晓牧，赵宗宇，田梓成
旧建筑基地位于前门西河沿街中部，曾经是商业文化活动繁荣的区域。虽然是前门大街的一套分支，却面临一系列老化问题，亟待新的产业入驻，沟通新旧文化，并产生新的活力。由于汽车无法深入街道尺度，传统的交通方式——黄包车，被我们认定为连接历史与现状的工具。黄包车酒店不仅具有趣味性，为游客提供一个深度了解胡同的机会，同时还能解决一系列原住民从业问题与以往黄包车夫无组织、无秩序的问题。

P38、P39《胡同里的网红民宿》，作者：中央美院，2016级，白玉洁
这一组的基地呈狭长型，地形特点不属于常规的用地类型。作者充分考虑了基地的特点，利用这种非常规的地形创造极致的居住体验，在策划上非常符合网红民宿的商业特征。网红民宿所表达的不仅是通常意义的功能和舒适，而是反映了当今商业文化影响下的新型消费理念。其强调分享和传播的概念也是年轻人所热衷的生活方式。作者将其置入在这一街区中，希望利用这一新兴文化现象来激活街区，创造富有活力的当代生活。

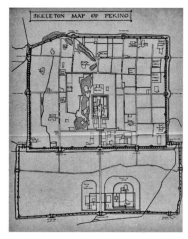 

历史与现状

大栅栏临近前门,前门是正阳门的俗称,自元代起商业文化活动频繁。而如今大栅栏生活与时代不断疏远,面临着公共设施不完善、区域风貌恶化、产业结构亟待调整等诸多问题。然而由于拥挤的人口,狭窄的街道,建筑年久失修,骤然的翻新显然是很困难的。所以渐进的引入外来人口,才能给脱节的社区带来年轻的活力,而新旧文化的交接点则是联系原住与外来的关键。

虽然胡同人口密集,但是老龄化问题严重,新一代的人口匮乏,如果仅仅是将四合院作为住宅出售的话,那些上层阶级并不愿意购买,因为这里的大规模的符合形制的四合院并不多。如果不引入外来人口和吸引本地年轻人回归,那么未来的情况很有可能是大栅栏将成为繁华老城区中的一座空城,胡同的文化也将从这里消失,能够留下的仅仅是建筑的遗迹,以及历史的遗憾与损失。

交通方式

外来人口进入大栅栏必然要选择一种交通方式,公交车与汽车无法深入到胡同的角落;步行虽然能领略更多细节,但并不能总览整个街区的概况;自行车与滑板也不能获取隐藏在视觉背后的信息。然而胡同里向来都有一种历史悠久的出租交通方式——黄包车,由人力驱动的代步工具,是胡同文化的一个标志,在快速浏览街区风貌的同时还能听到口述的鲜活历史,颇受游客们的青睐。

原住与外来

黄包车夫作为驾驶员,很有可能就是外来人口第一个打交道的人群,而黄包车夫本身是原住民,对胡同生活如数家珍,可以说是外来人口进入胡同文化的一个入口。外来人口被胡同文化所感染就有可能希望进入胡同生活,在这里创业经营,引入新的文化,为社区氛围带来新的可能性。所以胡同文化给外来人口的第一印象至关重要,从而重新组织黄包车行业就是非常必要的。

黄包车

民国时的黄包车夫也得交份子钱,每月交25块大洋租一辆有牌的黄包车,除了份子钱,还要交牌照费和违章罚款。如今黄包车行业缺少统一的管制,黄包车夫只能是夹缝里生存,像没有经营执照的小商贩一般,车辆时常被扣留。然而市场的确存在这样的需求,乘坐黄包车的体验是其他代步工具不能替代的,故而勒令禁止非解决之道,而是需要合理的机制来对黄包车统一管理。

CAFA 2014 级 文均钰、杨牧晓、赵宗宇、田梓成

黄包车计划——前门西河沿街 159 号更新

正乙祠戏楼	裘盛戎故居	中原证券交易所	马应龙眼药
西河沿街 220 号	西河沿街 215 号	西河沿街 196 号	西河沿街满家胡同 3 号

古迹

大栅栏有许多历史古迹，沿这些景点制定一套黄包车游览路线，并提供停靠，观赏，拍照的机会，重点介绍已经凋敝了的古迹，其中一些节点作为停歇站点，并设有二维码，提供距离最近，没有客人的黄包车夫的电话号码与司机取得联系，方便游客出行。

居住

游客不会在此定居，但这里的旅馆并不吸引年轻人，所以我们决定为游客提供一个舒适又有趣的居住点。黄包车夫能将与之有共同文化经验的原住民和而外来游客相连接，还能避免黄包车夫在路上招揽客人，规范街道的秩序。

酒店策划

1. 酒店根据附近的古迹，专为想要深入了解大栅栏各个胡同的游客设计一套独特的"大栅栏深度旅游黄包车专线"。每间客房提供一辆黄包车，用户可以选择请酒店车夫驾驶，也可以选择自己驾车，自己驾车的客人可以通过"滴滴打车"APP 在胡同里呼叫车夫帮忙。
2. 一共只有四间客房，每间可满足 2~4 人使用。减少房间数量，提高服务质量。

车夫来源

来自胡同里中年且无所事事的人。平日游手好闲，但却因为从小生长在大栅栏，对大栅栏的大小胡同、奇闻轶事非常熟悉。对他们进行培训，提供一份稳定的工作，双方都有利可得。人数在 5~10 人之间，不为之提供住宿，可提供休息和等待客人的地方。

案例分析

	附近的青旅 - 阿来客栈	汽车酒店 - 锐思特	共同劣势
1.	交通便利	交通便利	空间狭小
2.	青楼改建	停车方便	环境恶劣
3.	价格便宜	离景点近	没有特色

创造一个连接过去、联系当下、构筑未来的，沟通原住与外来的，为行进提供停留，为休憩提供起点的驻扎空间。

基地调研 院落建筑面积：65平方米；占地面积：约110平方米；面积小，南北向为窄长形，临街面宽度仅有4.5米。

情怀：老北京胡同文化
深入居民区，胡同文化浓郁地道，夜晚环境安静
临近保护院落，传统胡同保留良好
（鹞儿胡同37号、31号、21号20号、戊30号、14号、15号）

历史故事丰富浓厚：鹞儿胡同是解放前京师警察厅的侦缉
大队总部的所在地
现在是民居，许多人家的住房，就是当年侦缉队的牢房
有燕子李三、京剧名伶童芷龄、阎世善、评剧名角小龄妹等名人
但随着"文革"逐渐成为历史遗忘的角落
胡同现居民对此段历史了解不多

餐厅和市集：（<1km）
留学路胡同美食：
金手勺 天桥老金涮肉……
居住区内 便利店超市俱全

热门餐厅：
大栅栏附近
铃木食堂 全聚德 MUJI Diner……

附近地标：
前门大街 大栅栏 天桥艺术中心 德云社 八大胡同 老舍茶馆
热门地标：
前门大街150m 大栅栏1km 天安门广场2.5km
天坛公园 2.6km 故宫 3.9km 王府井 4km 什刹海 7km
南锣鼓巷 7.5km 雍和宫 8.6km 鸟巢 14.6km

临近交通
首都国际机场   32.9km   40min
北京南苑机场   11.8km   26min
北京西站   8.2km   20min
北京站   6.3km   16min
临近地铁站：
珠市口地铁站   前门地铁站

业态选择 民宿的诞生条件   热点话题：情怀文化体验   自身设计：民宿自身设计和构造是让客户觉得值得过来   民宿外部环境和设施：让客户去而复返

胡同里的网红民宿 CAFA 2016级 白玉洁

华驿酒店(北京前门珠市口地铁站店)(原环球宾馆)
4.2分 176条点评 经济型
北京·前门/崇文门
新开业
¥168起
低价房即将售完

希岸轻雅酒店(北京天安门大栅栏店)(原快艇酒店)
4.8分 棒 1424条点评 舒适型
北京·前门/崇文门
¥319起
低价房即将售完

新明基酒店(北京前门店)
4.5分 不错 1822条点评 高档型
北京·前门/崇文门
¥340起

99优选酒店(北京前门珠市口地铁站店)
3.7分 2080条点评 经济型
北京·前门/崇文门
¥159起
低价房即将售完

希岸酒店(北京天桥店)
4.7分 很好 1193条点评 舒适型
北京·前门/崇文门
408返39 ¥369起

北京京泰龙国际大酒店
4.3分 3199条点评 高档型
¥508起
低价房即将售完

 北京VUE后海酒店 VUE Houhai Beijing

 4.8/5分 97%用户推荐

 北京南锣鼓巷CitiGO欢阁酒店 CitiGo Hotel Nanluoguxiang Beijing

 棒 4.8/5分 99%用户推荐

民宿对比 (<1km) 周围酒店宾馆：经济型 连锁型 高档型 附近特色四合院酒店 (>1km) 北京四合院民宿(大/小规模)

业态选择
优势
文化底蕴丰富
地理位置优异
配套生活服务设施完善
周围民宿竞争小

劣势
单纯满足旅游住宿优势弱于东城区胡同民宿
周围胡同环境较差
场地面积较小

→ 网红民宿

营业方向
住宿
沙龙聚会
小型艺术品展示
商业拍摄

定位
年轻客户群
价格：800~1200元
功能
2间(1.5*2双人床 独立卫浴)
共用厨房 餐厅

网红文化与民宿
信息文化传媒下带动的全民潮流消费 衣：品牌 美妆 食：网红餐厅 咖啡奶茶 连锁快餐
住：网红民宿 旅游 艺术文化：看展览 话剧 交流书会

概念
网红居住心理：
网络红人 知名度 习惯于被观赏 → 橱窗 → 可选择的 安全的 有隐私密的 → 处理过的橱窗表面
住宿顾客   体验被观赏

039

03

- 设 计 方 案 阶 段 -

空　　　　间　　　　研　　　　究

讲过调研阶段对于场地功能的策划，学生在大脑中已经建立起这个场地中未来生活一个基本的"生活状态"，那么，如何将这一文本型的想象转化为可视性图像，进而形成完整的设计方案？

在方案设计的空间研究阶段，应当避免学生过度依赖自我想象或既有的个体经验去快速到达已知目的地。在本次课程中，我们强调空间的形成不仅是通过对形式本体的创新而产生。设计思维的形成是对场地现实进行筛选、改造、重组，寻找唯一性的过程。因此，在这一阶段，课程强调以场地的新旧关系来进行思维引导。在这一命题下的创新无法脱离场所的属性。

这一阶段的教学目标就是让学生学会如何从场地出发，将旧建筑进行改造，即保留传统街区的历史，创造一个都市化的具有功能多样性的城市公共空间。由此，我们主要从三个在旧建筑改造过程中典型的问题："场地-功能-结构"入手，引导学生去思考在一系列限制条件下，形式的发生和发展脉络。

空间解读 & 场地还原
1：200 聚落模型

胡同的场地特征在于其特有的文化、历史、街区关系和其在当下所承担的城市角色。设计的目标必须围绕着场地的属性建立逻辑关系。这就需要让学生理解创新的出发点不仅是对项目本身物化的空间形式的突破，还应当关注于题目"胡同"这一主题，基于胡同这一场所类型，通过设计实现社区环境的改善和空间参与人员的场所认同感。

将旧建筑改造作为室内设计的入门课程，其目的就在于训练学生对场地环境的认知能力，去发现和挖掘场地的独特性和未来改造的潜力。这一阶段的课程开始时，首先让学生对原有空间进行细致的研究，以制作1：200的场地建筑聚落模型作为场地研究的第一步。制作建筑聚落模型的目的在于让学生对整体街区和场地邻里关系有一个直观的认识。每个同学在不同设计阶段都需要制作相应比例的草图模型嵌入到场地中，这个聚落模型将在整个设计课程中作为检验改造方案对街区环境的适应度的衡量依据。

空间意识的建立
路径与功能

在胡同的场地条件中,由于场地狭小,建筑立面之间紧邻,甚至不同的建筑共同使用同一立面。外部轮廓往往只能是作为限定空间的客观存在,而不具备远距离观赏的可能。在这样的场地尺度的限定下,学生被强制性地将自己化身为空间参与者,而不是建筑的观赏者。所有的邻里关系、功能的多样性以及日常生活的趣味性都体现在内部空间的形式变化中。空间意识的建立基于对功能的价值挖掘和对路径的活化而产生的形式感知力。

路径的活化

功能的介入如何引发形式语言的生成?人们在功能空间中的活动才是空间设计的最终目的。

路径是人在空间中的行为轨迹。路径不仅是交通流线,同时决定了空间关系。在同样的场地关系中,由于路径的不同,会切割出不同的三维空间形态。而路径的"活化"就是鼓励学生大胆的在功能空间中植入更为有趣和生动的功能路径,从而在旧建筑的场地中获得独特的空间形态。

伯纳德·屈米提出"建筑空间涉及身体的运动"。他在《曼哈顿计划》中提供了一种对事件/空间/运动的记录方法。参考这一方法,我们可以让学生首先尝试在空间中设定一系列由行为引发的身体运动轨迹。将自我幻化为场景角色进入内部空间中,跟随路径游走,是一种突破静态的透视法视角下的空间认知。学生在寻找和创造路径的过程中,以动态的方式感知空间。

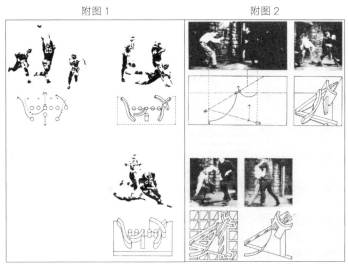

附图1:首先画出博士和怪兽的打斗动作相对应的箭头标记。然后固定这些箭头标记或坐标;他们被做成一个个立方体。在接下来的画面中,把他们调整成负片或空白。
附图2:采用足球运动员的技巧进行练习比赛。在此意义上,运动是建筑物的发生器和引发源。
(来源:伯纳德·屈米(Bernard Tschumi). 建筑概念:红不只是一种颜色 [M]. 陈亚译. 北京:电子工业出版社,2014:109.)

功能适应性

所谓"适应性",就是要符合当下城市公共空间所需具备的有机更新、功能转型的特点,随时面对不同的功能需求以提供灵活、开放的适应性空间模式。

对于刚刚进入室内设计专业领域的学生,我们要求他们必须建立起一种功能意识。功能在这一课程中不在于空间区域划分的复杂性,而是如何在有限的面积内发挥空间的最大效率。

对于任何一种可供人日常使用的功能空间，都必须具备应有的安全性和舒适性。作为室内设计专业的入门课程，需要在教学中让学生建立不同类型的功能空间和建筑构件的尺度认知。如：天井、天窗、玻璃幕墙、楼梯、厨房、卫生间、露台、飘窗。由于场地的空间狭小，常规空间的尺度可能并不适用于课题。学生首先需要根据真实数据建立功能体块，然后将其功能置入场地中进行初步尺度推敲。通常，学生会规划过多和过大的功能面积，当他们将这些面积以真实的比例和尺度放置于场地中，他们会发现实际上场地根本无法容纳大部分功能。因此，这就需要学生进行规划和取舍，在有限的面积内，解决更多的功能需求。

在设计调研阶段，学生已经完成了对建筑使用功能的定位和策划。旧建筑的原有空间布局对于新的功能已经不再适用。因此，首先要对新的功能进行重新规划。对于一座位于城市中心的老旧院落，由于空间尺度较小，经过了功能体块的置入和分析后，学生意识到不可在场地中置入过多和过于复杂的区域。在功能更新的空间规划上，他们必须要遵循适应性原则，学会在一个有限的面积内，强化使用方式的多样性和灵活性，尽量以最大化提供公共开放空间为前提，使用者能够根据功能的改变适当的对空间加以改造和多功能使用。

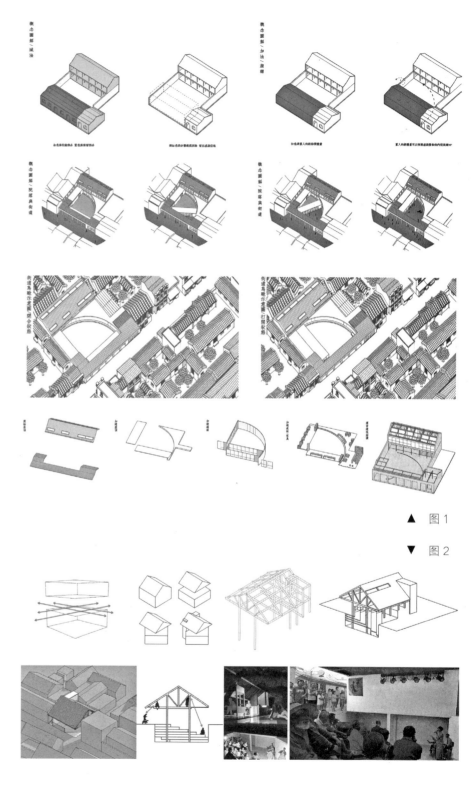

▲ 图1

▼ 图2

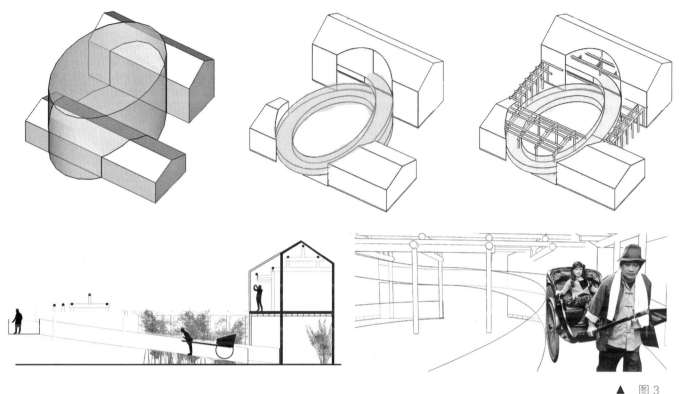

图1:《移动工坊》
作者:唐琦玮,中央美院,2014级

以手工艺制作和培训为固定功能,同时延伸出相关产业,如展览、售卖与社区活动等。为满足多功能的使用需求,由此设置了"活动房间"的形式,使用者可依据具体的学习安排和对外推广进行闭合和开放,增加建筑的公共性,从而发挥对社区的积极作用。

图2:《街道放映场》
作者:穆怡然,中央美院,2012级

这是一个集放映、演出、集会和交流为一体的小型街道"广场"。为了满足街道放映场所需要的聚合感和公共活动的活跃性,方案对传统的胡同建筑的矩形体块进行上下拆解。设计者保留了原始建筑的上半部分的木构架,内部作为居住和休闲空间使用。将新植入的首层剧场进行45度平面旋转,使街道的人们可以多角度的"路径"进入"广场"并观赏电影放映。在为社区居民提供文化生活和集会的同时,也为外来的年轻人创造有趣的活动场所。

图3:《黄包车计划#1》
作者:文均钰,中央美院,2014级

以"黄包车计划"为例,原有建筑院落作为整体街区中十分便利的地理位置。为了符合城市旅游的发展需要,将"黄包车租赁"这一具有历史和都市文化特色的功能模式植入其中后,由于车道、存车、车站等具体功能分区的出现,内部空间形成了一个贯穿首层入口、中庭和二层房间的环形立体"路径"。它使固有的房型院落空间格局被打破,给院落内部以至院落与街区关系带来了全新形式的多种可能性。这种独特性的改造不仅是对体验式消费方式的解决方案,同时,也符合原有场地建筑的自身文化脉络和空间结构特征。

形式研究

1：50 工作模型

这一阶段的课程是针对室内设计专业特点，通过模型培养学生的空间意识。即通过模型快速有效地将二维图形与三维空间建立联想，对图纸进行分解、组合和形式拓展的能力。

作为三年级的学生，尽管他们基本上掌握了 CAD 制图和 Sketchup 建模的能力。但是我们仍然要求学生在方案过程中采用真实的工作模型来进行空间形式的研究。手工模型与电脑建模的区别在于，它是一系列大脑和手眼配合的过程。在模型制作的要求方面，学生所能用到的材料主要有纸板、KT 板、双面胶、大头针等。材料的简化使学生在模型的制作上不强调做工的精细和建筑构件的完整性，而是强调学生用模型快速地表达思维状态中的瞬间意识。

对于室内设计专业来说，内部空间是研究的主体，但这并不意味着忽略外部形态以及与周边的邻里关系。工作模型的优势就在于可以迅速地反映内部空间对建筑的三维影响。它可以让学生以一种更为直观的物化的三维空间方式来进行思考。我们鼓励学生抛开电脑，直接通过徒手制作模型来推敲建筑的内外形势关系。让模型不再是对电脑建模的还原，而是以更为感性的方式激发学生在空间创作过程中的灵感。强调偶发性，感受纸板的水平、垂直和弯曲的变化，以及在相互穿插和搭接的状态中所构成的空间形式。

▼ 1：50 草图模型方案与最终完成模型对照
作者：朱叶，中央美院，2016 级

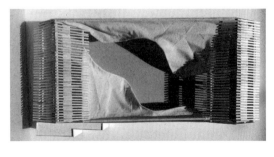

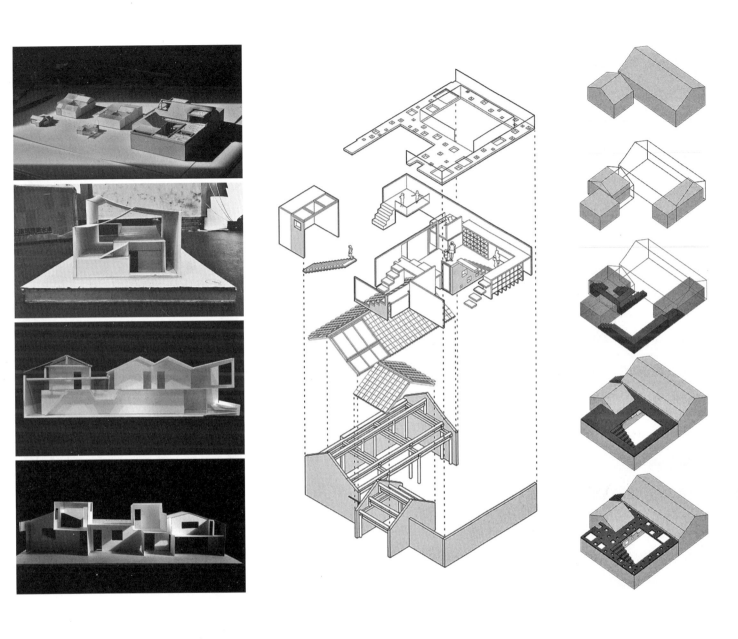

▲ 1：50 草图模型方案与最终方案空间关系对照
作者：孟罡宇，中央美院，2016 级

场地原有建筑结构与新的空间构造的关系

课程所选取的旧建筑的形式是传统的木构架中国民居。其结构特点是以木框架结构为主，坡屋顶覆瓦。学生在进行功能改造时，首先要了解原始的结构形式是否适用于新的功能需求。如支撑力、室内空间格局的尺度以及室内采光性等。由于场地的尺度狭小，往往一个特殊的功能构造或结构形式就可以形成整体空间形式语言。让学生学会从结构出发，解决空间使用方式，这也是作为室内设计专业所必须具备的一些基本知识。学生们在对旧建筑内部空间结构进行调研的同时，也是逐渐了解和掌握这些知识的过程。

旧建筑与新建筑不同之处在于对原有建筑语言的保留和新结构的对应关系。此阶段的教学内容之一也是让学生通过自学和课程讲授了解室内建筑改造所经常涉及的结构形式。如钢结构，木结构，砖、混凝土结构等。

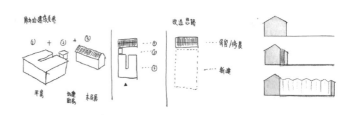

《折叠院》
作者：钟晓婧，中央美院，2016 级

将场地打开，在中间置入活动棚装置（像风琴，或者说是折纸）。由此，这间旧民居就成为一个可以变化空间结构的文化中心。它有两种模式：1. 当房子收起时，这块场地由一个传统民居和一块院子组成，院子向外开敞，外放给街道；2. 当房子展开时，整个活动棚拉开，将室内空间最大化，这个空间可以多功能使用。出于建造工程会打扰到胡同街坊的考虑，这个装置在工厂装配，只需以简单的手段（比如吊装或不需复杂操作）就能迅速置入现场，将给胡同带来的负面影响降到最小。

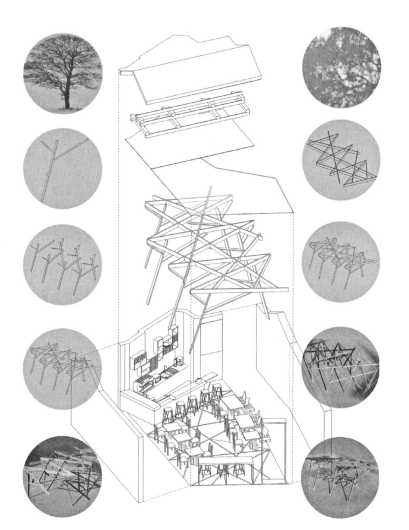

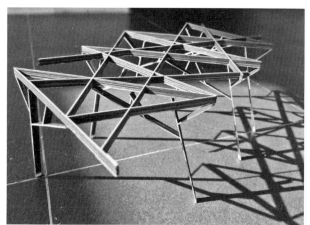

《树影之屋》
作者：黄雪玲，中央美院，2015 级

这是一个胡同里的休闲餐吧。设计者由胡同树荫的概念，发展出一组室内结构形式，这一结构不仅是作为新的室外空间搭建的结构支撑体系，同时，也进入到室内，成为空间体验的一部分。对于小尺度的建筑改造，以单一结构形式植入场地中，获得最大限度的形式体验的解决方案是这一阶段学生需要掌握的一种设计方法。在设计过程中，教师鼓励学生以模型的方式对结构的支撑、承重以及尺度等进行推敲。

设计方案（中期）阶段老师讲评

这一阶段的完成在课程的第六个星期。对于这个阶段的评图不仅是对设计阶段的评价，也是对学生们从调研到现阶段的课程进展周期的总结。因此，我们组建了一个包括任课老师和校外专家的评审团队。校外专家即是在调研阶段我们邀请的当地政府工作人员和专家等。其目的就是通过这种形式来回顾和检阅学生们在调研时，自己所提出的问题是否反映在现阶段的解决方案中。校外专家通常会在方案的合理性、是否符合当地文化的在地性等方面对学生的方案进行评价。他们由于并非专业设计人员，所使用的语境虽然不同于学院，但是看问题的角度往往更为客观和直接，并且具有非常强的商业策划和运营思维。这种思维是在学校中所缺乏的，也给学生提供了新的设计思路。作为任课老师，我们在对方案的评价方面，更强调每个人方案的形式语言是否能够解决他们在调研时所发现的问题，以及解决问题的创新性。在中期评图的过程中，任课老师与校外专家对同一设计方案经常会有不同的评价。我们并不回避这种不同，因为这样可以促使学生们从不同的角度思考问题，从而进一步推敲和发展自己的设计方案。

▲ 中期老师阶段讲评

04
- 可 建 造 研 究 -
模 型 制 作

"可建造研究"是以制作高精度的模型为手段，作为对设计中的"工艺"部分进行深入研究的方法。现在的设计院校当中已经很少使用"工艺"这样的词汇，在我们这门课程的设计语境中，"工艺"是指向对于技术、材料，以及设计师对于这两者的认识和感情。课程中对于材料和制造的训练是通过与真实材料的直接接触，亲自动手制作1：1的实物，让学生建立起对材料和工艺的认识。作为三年级设计入门课程，类似这样的基础训练是必不可少的。强调模型建造方法从本质上来说,它应当是由设计理念的主导而产生的与空间形态相关的系统工作。研究模型做法与结构的目的并不是单纯的满足坚固与使用性的功能，而是一种把建造结合视觉艺术运用到空间环境中去，使空间产生"唯一性"的手段。在这一阶段，应当让学生了解，一切技术都应当回归到建筑空间形态的基础上，并依据人的使用行为特征，让结构的美感真正融入建筑空间中。

在我国先秦的著作《考工记》中有这样的论述："知者创物，巧者述之，守之也，谓之工"。他所探讨的实际上就是"创造"与"制造"的关系。即建筑空间是由艺术与技术的结合所构建的。研究模型的做法与构造就是让学生从技术的角度出发去探求空间变化的可能性，并将结构美学注入空间的手段。学生通过制作模型，学会使用并建立合理的结构体系进行对空间构件的搭建。进而，通过对设计细部做法和对室内结构的处理来实现与创造独特的空间审美。

学生对模型的设计结构与做法的理解和认识通常建立在方案和草图模型的基础上。但是，从设计图纸到实际完成的模型需要经历一个漫长而复杂的过程。之中会面对各种各样的设计问题和技术问题，导致学生在模型制作过程中会不断修正自己的设计方案。尽管由于在整个课程设置上，模型制作的时间只占整体课时的四分之一，但从实际的作品完成的统计来看，学生超过75%的最终模型的完成度，很大程度上都取决于制作所采用的构造方法与方案的契合度、对制作实施进度的掌控、制作质量的精细化程度以及投资控制。可以说模型实现的过程就是一个解决无数的问题的过程。而这个过程也就是通过对做法与结构的研究，从而更好并更准确地理解和发展空间形态的视觉观感的过程。

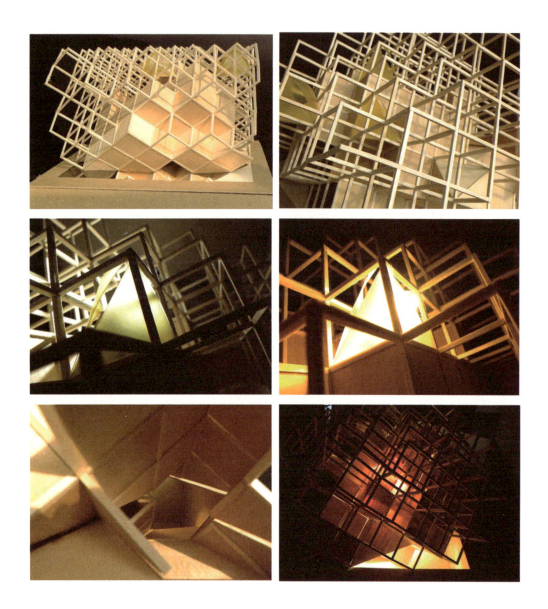

《帐篷》
作者：刘思文，中央美院，2012 级

设计是为当地人提供一个交流的空间。木头作为自然中最常见的基本建材具有天然的亲切感。结合帐篷的形态提炼出的四棱锥的形式有利于发挥木材轻稳的特点。这种连续排列的结构关系，类似于桁架，由此生成了建筑的结构。最后，将建筑的单元格打通形成可居住、聚会、看戏等自由的功能空间。

《停歇》
作者：安舒，中央美院，2014级

民宿取名为"停歇"，给民宿主人、住宿游客、普通游客提供共同参与进民俗活动的空间，并保证主人和住宿游客的生活空间不受干扰。在建造方式上，在院落设置多个由倒置"L"形木元件连接构成的伞状支撑结构，通过控制"L"形元件的张开角度形成折叠起伏的屋面，屋面将前后两排高度不同房屋联系在一起，又将原本的露天院落变为更利于开展活动的半封闭空间，阳光透过木结构屋面在院子地面投下的影子，也会带给游客不一样的感受。

新旧材料的转换

学生有时候容易将十分简单的问题复杂化,总是入手的时候就希望赋予材料什么新的概念、创意等,这反而使问题越来越多,越来越难以入手。我们希望学生不基于材料形式上的概念,对于材料的理解是关注材料的本身,去挖掘材料的隐藏价值和可能性,尝试从材料的场地出发,创造一种特性或者去转化另一种特性,建立材料与场地的认同感,提供更加有效的场景体验。

首先要让学生在基地中对原有材料进行收集和调研。这一过程不仅是简单的材料堆砌,而是要注意场地的特殊环境,如气候、温度、历史、光照等各种因素,寻找在这些因素的影响下,材料所呈现的区别于我们日常认知的特质。之后,学生要根据对现场材料的认知进行转化,可以是对场地材料的延续,也可以是新旧的对比和碰撞。材料板的制作就是让学生开始尝试用材料的表现力去阐述设计概念的设计方法。学生可以自由地采用各种塑造方式去表达对新材料的感性认知,从而为后期的设计深化提供概念灵感。

改造的旧建筑所用的材料和当地胡同所用的材料有关。
比如当地有很多各种各样的砖结构,红砖、灰砖、铺砖等,而改造的建筑中也有相应应用到这种砖结构,就是墙面的铺砖,改造后的建筑所用的墙铺装既和当地结构有联系,也有一些差异性。
还有改造后的建筑用了新的树状支架结构也和当地的木头结构有关。
另外这个新的由树枝演变而来的树状结构在阳光下投下的斑驳影子和树表面的斑驳有一定的联系,也和周围的树投下的斑驳阴影有联系。

材料板研究,是学生们在对场地周边自然肌理的充分调研之后,在设计方案阶段依据场地环境的现有材质进行概念转化,从材质的肌理、透明性等具体的问题入手,尝试去发展材料特性或是改变特性,引发创造性的设计语言。

胡同中常见的各种砖石、木头和金属在不同的年代和气候环境下所具有的形态各异的肌理特征。
在对材料的研究中,需要让学生认识到场地光影环境对材料的影响。

材料特性与空间的关系

当前我国的设计院校里越来越多的学生正沉醉于由数字影像所产生的光怪陆离的世界,而渐渐忽视了真实世界中人的视觉生理对物质的真实体验。设计课程中的材料训练正是给学生在实践的平台上提供了一个了解材料的机会。使学生们在创作的实践过程中,通过对不同材料的触摸、分解、重组的制作过程去理解在生产技术与制造方法的影响下,材料的物理性能和表层肌理特征,了解设计所应做出的对材料的表达。然而,材料设计从来都不是孤立存在的,而是建立在合理的结构体系上,通过艺术创作,以科学的施工工艺,使之更符合审美与功能需求。所有这一切,都源于我们抛开形而上的"空间"概念和"意义"之后,对"工艺"、对"材料"、对"情感"的解读。

附图 1
Roger Tallon<Mondo Materials>

附图 2
Tucker Viemeister, Peter Stathis<Mondo Materials>

附图 3
Suzannah Reid, Glenn Rappaport <Mondo Materials>

我们鼓励学生更多地关注材料本身,而不是试图在一开始就赋予材料其他的意义,这是十分重要的一点。因此,我们在课程中极力避免关于材料的主观概念预设。如金属是坚硬的,冷酷的;木材是温暖的,自然的;玻璃是透明的,轻盈的等。这种以抽象感性的词汇概念作为材料的表现基础实际上是忽视了材料表现的本质,即对材料的物理特性的研究。当这些程式化的概念在学生头脑中产生联想,实际上是对设计造成了障碍。学校需要给学生的是一些方法,或者提示性的研究方法。实际上,对于材料到理解和研究就应该从材料出发,先不用去考虑空间、意义,以及如何应用等问题。越是要求学生关注材料本身越有可能避免"表面形式的堆砌"。

附图 1~3:针对常见的建筑装饰材料或回收材料进行的搭配训练。这种类似"材料板"的制作,非常适用于初期接触材料的学生快速掌握各种材料的特性。

(附图来源: Mondo Materials; Materials and Ideas for the Future, 作者: George M.Beylerian, Jeffrey J.Osborne, Elliott Kaufman, 出版社: Harry N Abrams Inc, 出版时间: 1990 年 11 月)

图 1：《城中山——北京东四十一条胡同邻里活动中心》
作者：王婧璇，中央美院，2012 级

当我们站在高处俯视北京城，胡同巷道纵横。目之所及，几乎全部覆盖着青灰色的瓦。《城中山》正是位于这样一片规整清晰、灰砖青瓦、建筑紧凑的四合院群之中。由于地上部分起伏弯转，像一片山坡一样从地平面（山脚）过渡到屋顶界面（山顶）。在严谨的城中蔓延出一座随性又具规律的"山"。在方案中，瓦作为一种主要的界面材料，从屋顶界面过渡到室内界面。整个屋面由瓦片覆盖。通过不同的铺装排列，疏密方向的过渡结合，保持了与周边屋面相似的质感，却不屈从于仅仅满足功能。

▼ 图 1

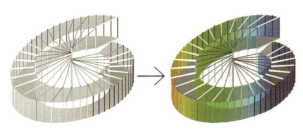

时间空间相结合

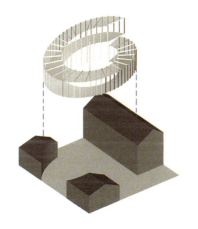

▲ 图2

图2:《黄包车计划 #1》
作者:文均钰,中央美院,2014级

在原来的基地里置入一个彩色的环形车道,对旧建筑进行切割、删除与增加的空间处理,建立了黄包车与建筑之间的联系。
彩色的空间使酒店成为灰色调的胡同里的一个地标,同时使酒店的室内空间富有变化与趣味。在建造方式上,次柱在一侧连接上下两个梯形的梁,形成车道的基本框架,再分别由拉索连接轨道中心的主柱,每一根拉索产生给主柱的拉力都由其对面方向的拉索来平衡,由此产生一个平衡稳定的构架。

在研究材料的时候，我们鼓励学生将色彩的概念引入空间中。让他们认识到所有的色彩都是基于不同的材料所显现。附图中，学生从渐变色彩入手，用彩色玻璃作为表现形式。色彩通过空间形体的变化展现出动态性。

用彩色玻璃进行光影试验。空间的形体变化配合玻璃的质感和光影所产生的状态，改变了材料通常带给我们的视觉体验。学生通过这样的训练，真正明白材料的"可变性"，有利于对材料建立真正的"情感认知"。

◀ 图1　　　　　　　　　　　　　　　　　　　　　　　　　　　　　　　　　　　　　▲ 图2

图1：《落雨——文艺工作者的合租房》
作者：徐静一，中央美院，2013级

材质：外向墙面以半透明的水纹钢化玻璃为主。
感受：1. 内外空间的延伸。2. 空间内外的人的视觉和听觉的交流。
水流纹路的作用在于在保证内部空间私密性的同时，对在空间中行走的人们带来一种"动态通透的，放松明朗"的心理感受和视觉效果。让这块封闭停滞的灰色地带"流动"起来。

图2《黄包车计划 #2》
作者：赵宗宇，中央美院，2014级，

方案的核心是用透明与不透明的两种瓦作为新建空间的屋顶。两种瓦的透光性的不同产生了一种斑驳的光影效果，在室内形成了独特的空间体验。

模拟与仿真
材料的真实性

"Materal"源自法文，意为"材料"或"物质"。模型制作中的"仿真"是我们借用了舞台美术中的舞美设计的理念。其重点是对材料在模型空间中的肌理质感和效果的表现。在舞台美术中，场景的真实性直接影响着戏剧的情感输出。我们向学生强调最多的词就是"真实性"，所有材质都要求学生在模型中体现出高度的还原度，对制作品质的要求自然成为十分重要的内容。要想实现材质表现的真实性和品质感，不仅仅表现在手工操作的细致度，甚至使用的工具、制作工艺的方式都应该是专业的。例如技术教师会仔细地纠正你使用每个电动工具的姿势，直到完全符合一个专业人员的要求。

经过这样的训练，最终模型所呈现的制作工艺的流程以及作品完成的精度要求之高，几乎可以用专业来形容。这对于设计专业的学生来讲是一种很好的素质训练，对建造品质的追求会成为学生设计认知的一部分，对材料的理解也更加真实。一个好的材料模型，在后期辅以人物活动、灯光等手段，将会非常有助于表达生动的情景叙事空间。因此，材料模型的制作是这一阶段学生工作的重点。

▲ 图1　　　　　　　▲ 图2

▼ 图3

图1：《欲望号街车》中的白天与夜晚场景同样的场景经过不同的照明方式的处理，呈现出不同的情景氛围。

图2：绘制背景画的"刷毛"工艺和利用水溶性乳胶对细部构件进行的质感处理。

图3：为了制作出那个年代新奥尔良廉价公寓的厨房一景，连墙面、架子都涂上油垢污渍。

（来源：(日) 妹尾河童. 窥看舞台 [M]. 姜寅蕾译. 南宁：广西师范大学出版社，2010：094.）

模拟与仿真

模型制作工艺——材料篇

某同学提供的部分淘宝订单

向两位同学征收的剩余材料

只要做过建筑模型的同学都知道模型是多么耗财耗力的东西，普通建筑模型使用的 PVC、灰卡、白卡、亚克力、u 胶等材料以及激光切割都是一笔不小的开销。

这次的设计课题是旧建筑改造，模型比例是 1：20，有的同学甚至做 1：16。老师的要求是尽量将设计中的质感表达充分，甚至对建筑中 "旧" 的部分也尽量表现。因此这次制作的模型与以往不同的点是对生活化场景的表现，我们局部采用了制作景观微缩场景的手法，也向平日里做高达模型的同学咨询，最终使用了多样化的材料和方式做出了模型。然而与普通模型相比，材料上的花费自然也是巨大的。

现在就向大家推荐几样做这种模型所需要的材料，如果不是方案需要做这种模型的同学请慎重考虑，因为时间和金钱的花费都是很大的。

▲ 图1

▲ 图2

▲ 图3

图 1：郡士消光漆

图 2：田宫喷漆的部分颜色

图 3：郡士补土

田宫喷漆 / 郡士补土

日本 TAMIYA（田宫）和郡士（GUNZE）是日本著名的专门制作模型和模型材料的公司。它们是爱好制作高达模型的同学推荐的。也许有的人会认为制作建筑模型没必要使用如此专业而贵的喷漆，但事实上确实一分钱一分货，喷过后的颜色准确且均匀，没那么大的异味，可供选择的颜色也很多，想制作金属质感也可以使用金属颜色的喷漆，效果很好甚至可以替代真实的金属材料。

郡士补土在喷有色漆之前使用，充当材料的保护层。比如用 PVC 做一面深灰的墙，可以先喷一层灰色的补土再喷深灰色的田宫喷漆，不仅能保护颜色的准确度、将 PVC 光滑廉价的质感遮盖，在后续给 PVC 进行加工的过程中，还能保护 PVC 不受损坏。

郡士消光漆是在所有流程（包括旧化）都进行完后最终使用的，作用是将亮光的质感变成哑光。同理还有郡士亮光漆，可以根据自己的需要使用。

田宫渍洗液 / 郡士渍洗液

渍洗液是作"旧化"的重要工具，步骤在喷完田宫有色漆之后。田宫和郡士效果差不多，可以根据自己需要的效果选择颜色。

（备注：如果模型要做到使用渍洗液的效果，建议底料用PVC，不要用灰卡和白卡，因为卡纸的耐受能力不强，可能无法达到期望中的效果；只是需要上喷漆颜色的话，可以使用灰卡和白卡。）

牙膏补土

牙膏补土是用来补模型缝隙的利器（这次制作过程中有的同学3D打印的模具局部损坏就是用牙膏补土一点点修的），也可以用来做局部的特殊效果，干了之后就像石膏，可以再在上面喷漆上色。

各种颜料

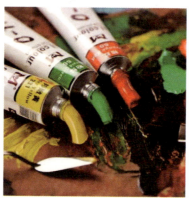

作为美院一分子的同学们用起颜料来可以说是非常顺手了，有的同学的模型质感几乎全是用白卡画的，有的同学是在使用上述材料后用油画颜料加火机油添加局部效果，总之，颜料是做模型必不可少的工具。颜料的牌子和种类就没有什么好推荐的了，根据自己的喜好和习惯选择就可以了。

淘宝现成的材料

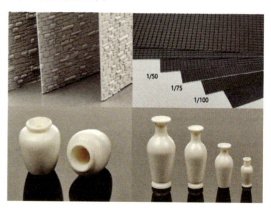

在淘宝上，一些普遍样式的砖、瓦和墙面其实有已经做好的模具，也有很多的比例可以选择，如果有适合的话是非常推荐使用的。包括一些小的罐子和花瓶，它们现在看起来很土很普通，但是经过喷漆和颜料的加工，它们是很快速很有效果使模型更加真实的工具。

各种"破铜烂铁"，废物利用

仔细观察照片中似乎很真实的小杂物，其实它们都是由生活中废弃的材料制作成的，一块布、塑料袋、泡沫料……只要认真观察和思考，任何东西都能成为模型制作的材料。所以小伙伴们，赶紧睁大发现美的双眼！

模拟与仿真
模型制作工艺——制作篇

通过颜料上色来制作质感是一个普遍且有效的方法,但花的时间比较长且很难制造出真实感,在这里主要介绍一些其他制作特殊质感的方法。

砖墙

A. 在卡纸上激光划线后直接喷漆(快速、概念化)

这种方法适合追求快速且对真实感要求不高的模型,但是整体效果是不错的。
step1. 在卡纸上激光划出砖线
step2. 喷灰色补土喷漆
step3. 喷田宫灰色喷漆
step4. 喷消光喷漆

B. PVC手动划砖线再制作效果(较为麻烦、效果好)

step1. 用牙签在PVC上划出砖线
step2、3. 喷灰色补土喷漆、田宫颜色喷漆
step4. 用刀刮蹭,制造破损效果
step5. 使用渍洗液
step6. 油画颜料加少量火机油局部制造效果
step7. 喷消光喷漆

地砖的效果可以用同样的方法做

喷漆和基本效果

C. 用模型砖搭建(非常麻烦,效果很好)

模型砖可以在网上买现成的,如果没有适合的比例可以自己用灰卡制作,激光切割成小块再喷漆。但这种方法不建议大范围地使用,因为非常麻烦,如果有局部的墙需要特殊效果可以采用。

用灰卡自制的砖头

使用灰卡制作的砖,搭出特殊的弧形墙面

屋顶

做屋顶也就是在做屋顶上的瓦片,有三种材料可以选择:吸管、瓦楞纸和淘宝现成的瓦片。

将吸管粘在PVC板上再喷漆

淘宝现成的瓦片板

PVC管剪成片粘在一起

用刀在卡纸上刮出翘起,色粉再做效果

混凝土

A. 使用真正的混凝土浇灌

step1. 混凝土兑水，泥：水 =2：1
step2. 待成糊状时,倒入模具中,边灌边用棍子戳,防止内部的空隙和气泡。
（模具可用 PVC 板制作，内加铁丝做骨架，外部用硬物顶着）
step3. 等待凝固
（注意：过程中一定要戴手套）

B．在喷漆后的 PVC 上抹 502 胶

step1. 在 PVC 板上喷补土、田宫有色喷漆，晾干
step2. 准备两瓶 502，戴手套
step3. 将 502 倒在 PVC 板上，边倒边用手抹均
（注意：产生的气味较为刺鼻，一定要戴口罩）

C．使用石膏粉上色

step1. 石膏粉兑水至酸奶状
step2. 糊到卡纸或 PVC 上
step3. 用钢尺刮平
step4. 用硬物局部敲打做出坑坑洼洼的感觉

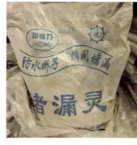

石膏粉制作的马路　　同样用石膏粉做出白墙的质感，使用色粉做旧

特殊材质

A．树

step1. 准备几十根较细的铜丝或铁丝，长度大概是模型树的两倍；一个较粗的 PVC 管稍微弄折，作为树的主干
step2. 将所有铜丝一起往 PVC 管上缠，注意到树冠的部分开始分枝
step3. 准备很薄的纸巾，撕成条状，与 502 一起糊在用铜丝做好的树上，主要在缝隙以及连接生硬的地方，作为过渡（也可用超轻黏土代替纸巾）
step4. 喷补土漆、田宫有色漆（沙漠黄）
step5. 用深色渍洗液将树整体洗一遍
step6. 粘上树叶（如果想做枯树可以不粘）

B．竹竿

step1. 使用较细的 PVC 管摆成想要的形状
step2. 喷补土喷漆、田宫颜色喷漆（沙漠黄）、消光喷漆

C．金属

　　制作金属质感一般有两种方法，一是使用真实的金属材料切割，但价格较贵，尺寸较小的零件切不出来；二是使用亚克力切割后喷金属漆，建议使用亚克力，因为它相比于卡纸来说质感较硬。

用铁丝做好造型，用黏土补好空隙，再喷田宫喷漆（沙漠黄）　　最终效果

PVC 管　　用竹竿做的表皮

淘宝买的橡胶零件　　切割后喷金属漆

D. 其他

阳光板

四层彩色玻璃纸叠起来（上下两层蓝色、中间黄色和透明磨砂）

一些有趣的材料

防水屋顶

彩钢板（方形的 PVC 管加 PVC 板）

在地板上涂抹会有光泽效果

总结：模型制作的方法有很多种，并没有标准答案，能够完整传达出设计理念才是最重要的。

材料研究阶段老师讲评

在这个阶段的课程中，学生们出乎意料地表现出了极大的创作热情。他们有效地利用互联网进行材料的搜索和购买，并且自行研发了大量仿真材料的制作方法，甚至编写了教程以供下一届的同学参考。最终的设计方案的形式与概念阶段发生了极大的变化，而这种变化是随着学生们经过对材料建造的学习和研究中发生的。由此，我们不应仅仅把这一阶段的学习和创作看作是简单的建造过程，而应当重新审视他们在材料建造中建立新的思维方法和空间认知中的内在驱动力和影响力。如果将设计定义为"解决问题"，在这一阶段的学习中，"问题"的范畴已经超出了既往的功能属性。它从对功能和审美的追求转变为研究材料以及建造工艺如何在空间建构过程中与形式生成建立动态的、可持续性的良性交互模式。

05

— 检验与表达 —

空间的二次认知

"理解一个东西不是能够定义它或是描述它,而是把这个我们认为已经知道的东西拿过来,让它变得未知,并激起我们对真实性的新鲜感,从而深化我们对它的理解。"[1]

《设计中的设计》,原研哉

检验与表达阶段,我们抛弃了传统教学中的"效果图"这一设计表达形式。而是以高精度的材料模型为基础上延展出的由叙事化图像、情景式模型照片和精细化图纸绘制三个部分组成,尤其是强化了大比例的平面和剖面透视图的绘制。这些图纸表达与前期的实体材料模型相互印证,甚至有所调整和突破。我们试图通过由这些二维与三维的转化让学生建立一个完整的情景空间。让图像不仅停留在对既有构思的真实再现,而是成为检验和拓展设计思维的手段。

单纯的效果图所制造出的"图像"是为了达到实现预设结果的工具,重点在于"表现结果"。而图解式的图像叙事与精细化的剖面透视图则强调人的行为因素,将对空间的思考应用到人的日常活动中,而不仅是关注空间的形式审美。

这一阶段的教学目标在于让学生们回归到设计的初始,重新审视现有设计的形式、构造与人的使用行为方式之间的关系,进一步探索和推敲设计的细节。设计表达不应该仅仅是一种表现技术,而是作为对已有方案成果的"再设计(RE—DESIGN)"。这种"二次认知"是以检验既有形式在日常生活中的真实状态为目的设计方法,其目的并不在于借助摄影图像的手段来改变原有方案。"日常生活"是以想象的时间维度中所形成的人在空间中的各种行为状态。这是依靠通常意义上的设计表现所无法真实还原的场景。经过更加多元化的场景预设,学生们会发现,无论是模型摄影、叙事图像或是图纸绘制,最终的成果都会展现出与原有设计理念所形成的差异。而正是这种差异,显示出对初始方案概念的检验,也是发现空间潜力的认知方式。

---

[1] (日)原研哉.设计中的设计[M].济南:山东人民出版社,2006.

菜园民宿　CAFA　2014级　胡冰煜

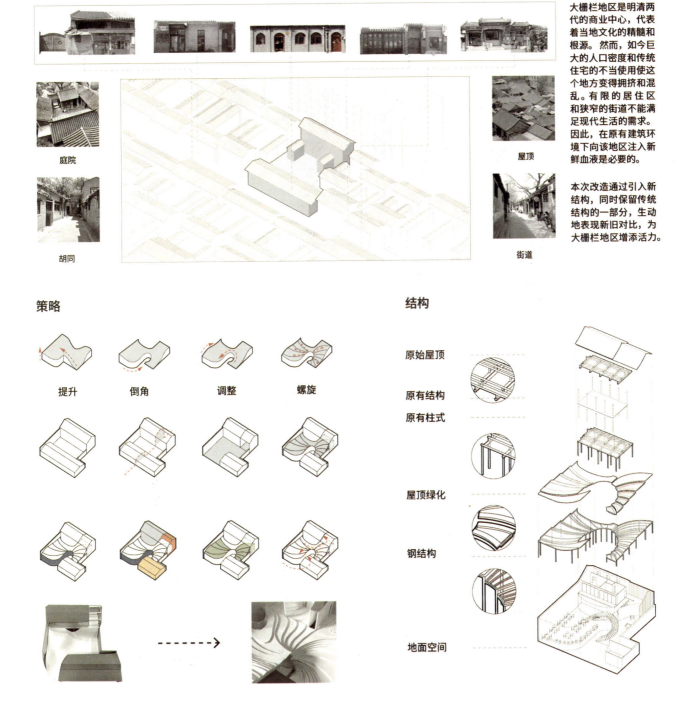

乘凉院子　CAFA　2015 级　郭元蓉

能够形成空间的顶

家具

蔬菜/绿植

关于方案：
在基地调研的过程中，发现胡同中有类似的居民的乘凉空间，但活动空间较小，使用功能有限。通过观察这些空间，总结出他们的普遍规律，具有以下几个空间元素：1.能够形成空间的"顶"；2.家具；3.植物/蔬菜。
这三个元素，成为改造方案中的设计原型：可移动屋顶，可组装家具，可供植物种植攀爬的空间。
"通过屋顶的翻折，室内外就能互相转换"。
以此为灵感，将中国传统房屋：注重隔墙，通过室内外高差区分空间的特点，改造成可移动隔断，室内外高差统一。结果通过移动屋顶，院子与室内可以任意定义。

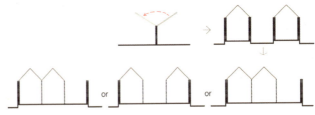

原始建筑保留其正房，将两间厢房以及加建拆除，使面积最大化地空出来。在空地上搭建可移动屋顶，根据功能需求配合移动门使用。

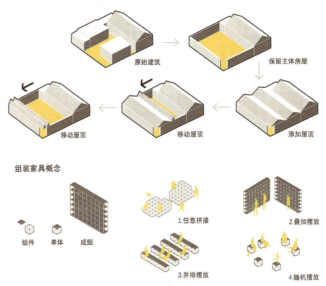

组装家具概念

075

通过对基地的具体调研，总结出胡同地区存在的几个相似问题：公共空间与绿化的缺失道路拥挤，房屋密度高，胡同内部院落被加建或杂物堆积填满。

即胡同居民生活在一个十分拥挤且难以喘息的地方。而人口调查表明，胡同的老人与小孩比例较大，他们都是属于需要宽阔场地休闲玩耍的人群。

因此，设计方向是为胡同居民提供一个在生活之余能够呼吸的地方，将院子还给四合院。取名为"乘凉院子"是因为"乘凉"一词比较符合居民的放松状态而且在乘凉时居民能够进行各种各样的休息活动。

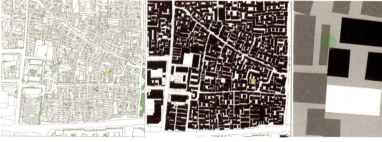

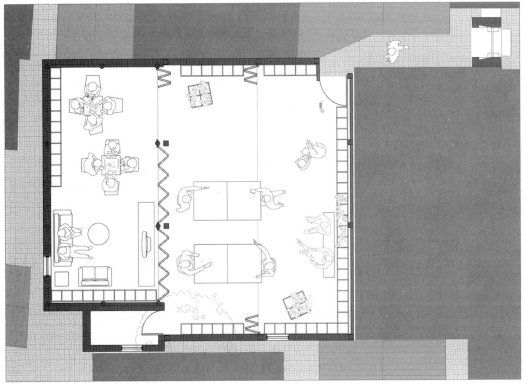

胡同奶酪　CAFA　2015级　陆明

赵锥子胡同交通分析

赵锥子胡同改造点位分析

设计说明

胡同奶酪是对赵锥子胡同58号院、60号院的改造。赵锥子胡同地处天桥社区老胡同的中心地带。西至留学路，东至前门大街；北达珠市口西大街，南接永安路。地铁公交设施齐全，交通便利，常年吸引众多国内外游客游玩。随着北京国际设计周的举办，将逐渐成为文化特色旅游之地。

而在此居住的居民以外来打工者居多，因房租较低而在胡同生活，胡同对于他们来说只是一个夜晚休息的空间。

由此产生了主要服务于外来游客的人群定位。并根据人的身体尺度设计空间，重新定义人的行为活动，创造出一个在胡同氛围中使用的公共空间。

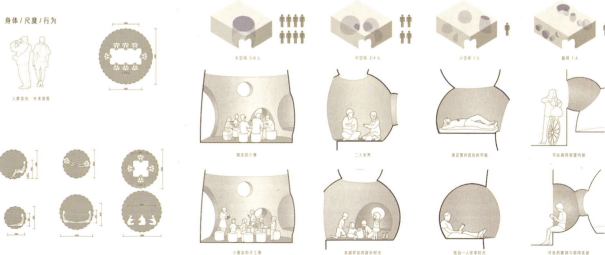

漫画场景

小空间只可容纳一人，独享休闲时光，同时可作为床使用，满足暂时居住的可能。

中空间可容纳2~4人，享受与亲朋好友的娱乐时光。

而窗洞根据身体尺度设计不同高度大小，可坐可观。

胡同的夜晚是没有路灯的，窗洞门洞发出的光芒会温暖胡同的街道，吸引着人们进入柔软的奶酪内部。

表皮钢板自身坚硬冷漠的同时却又反射胡同的生活场景，这会形成一种奇妙的反差，并与胡同产生对话。当进入"奶酪"内部，是白色而柔软的空间，与外部钢板产生巨大的反差。无论是三五成群还是孤身一人，都可以在"奶酪"中找到属于自己的"洞穴"。

LOUDOU YARD 漏斗园 CAFA 2015级 贺毅仁

关于方案:
胡同周边堆满杂物,大量人口聚居,少有综合休息空间,想以此改造机会,向周边的人们提供一个休闲娱乐乘凉的小院,甚至可以将艺术展带到居民身边。将整个庭院前后打通并且通过新材料表现,功能丰富的同时,也成为一个附近中心建筑,发挥其灵活的使用功能,如展览厅、会议厅、棋牌室、电影厅等,为紧凑的胡同提供适当合理的休息区域,同时还可以进行规模化发展形成一个小建筑地标。

1. 原建筑由红砖房和两个加建棚组成,室内光线较暗,后院拥挤,堆满租客的物品。
2. 拆除加建房做成一个前屋后院式空间,前屋为多功能使用厅,后院为观赏休息庭院。
3. 进行改造,增加一个如漏斗的隧道空间,一层层缩小视野,穿过后门看到一个崭新的后院空间。同时喇叭口的辐射扩张也吸引周围人的视觉眼光,驻足停留。
4. 将后院变为全镜面空间,建筑中心为玻璃盒子,将漏斗入口太高并延伸,是戏台感增强,后院墙开启一个小窗口,可以窥探院内景观。

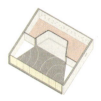 

通过顶部轴轮转动,将两侧的四个门沿轨道移动,门也可以原地转动,总体可呈现上图全关门、半开门、全开门三种使用状态,产生展览、放映、休息等空间功能。

定位:
当地居民公共聊天休息的场地,多功能使用空间。

条件:
1. 传统。符合天桥的传统文化保留,既为设计周做准备,又便以后居民的娱乐和使用。 2. 安静。经调查,当地居民较为抵触一切大声的行为,排斥外人进入此地。设计时做好充足的隔音准备。 3. 生活化。当地的居民结构关系,没有太多了娱乐活动,生活化成了其重要的一点,多为当地居民提供便利。

限制:
很小的建筑空间让设计更加纯粹简单,材料的设计是关键,通过材料和家具的适应性运用,使这个超小空间充满趣味性。

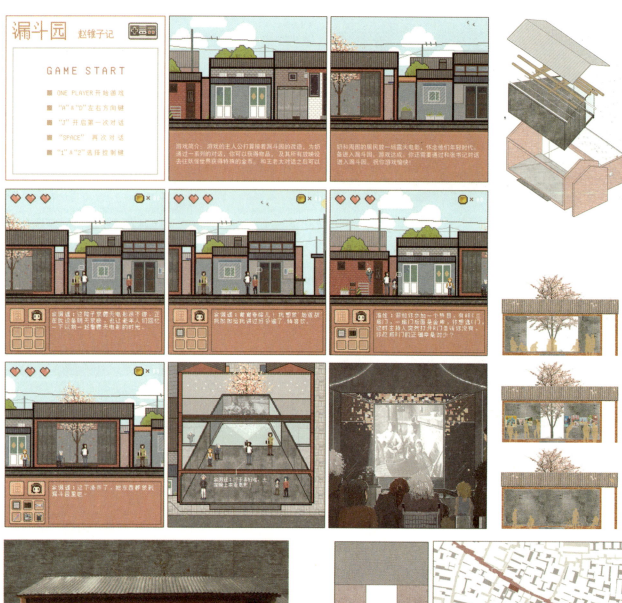

过程模型

关于场地——赵锥子胡同21号:
此房屋原本是一个居民用地,窗户小,外有停放机车用金属箱。建筑由红砖砌成,削去了古制木柱,但保留了古代的梁和传统屋顶结构。国庆设计周改造前还充斥着杂物。右侧小巷可以通往后院,原后院有一些外地加建棚,杂乱堵塞。
原建筑老瓦房为36平方米,加建房为24平方米,后院空地为12平方米。长9米,宽8米,建筑总面积计72平方米。改造后将室内和室外功能区分开,成为具有使用区域与观赏区域的多功能休息厅。

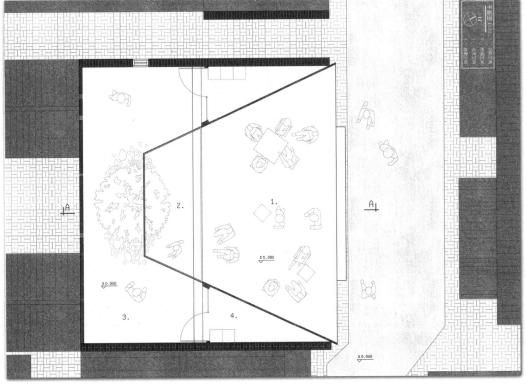

085

侠隐 四合院改造　CAFA　2016级　邓袭珈

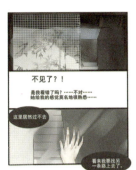

院落建筑面积101平方米
占地面积约150平方米

原始基地模型

原始基地总平面图

关于场地——小喇叭胡同10号

交通好：从基地步行至珠市口地铁站9分钟，步行至天桥艺术中心仅10分钟，步行至天坛仅16分钟。
环境好：干净整洁，气氛幽静超然，独特狭窄步道极具吸引，从喧闹的市区走进会有一种"穿越"感。
特色：北京最窄的胡同之一。桃花源记里"初极狭，才通人，复行数十步，豁然开朗"的感觉，有在偌大胡同群里"大隐隐于世"的气质。
根据以上特点，我将小喇叭胡同的发展方向定位为特色民宿，风格为：武侠、隐世江湖、烦忧散尽。

设计说明

本改造选取可以寄托武侠的意向和四合院的意向——"屋顶",对原始房屋进行了改造。

在尽量保留古老四合院房屋的基础上,整个基地置入了一整套楼梯系统。使整个设计新旧分明,看得到过去,也望得见未来。

使人们可以自由地站在不同高度的四合院内,如地面,半空中,屋顶上。

丰富了观者之间看与被看的视线关系,打破了传统四合院以院子为中心的关系。新的流线更加的丰富,提供给住户更多活动的可能性。

楼梯材料选取钢网,可以组成半透明的效果,使整个空间氛围更加贴近武侠感。

意向图片

电影《大红灯笼高高挂》

电视剧《武林外传》

电影《邪不压正》

游戏《楚留香》

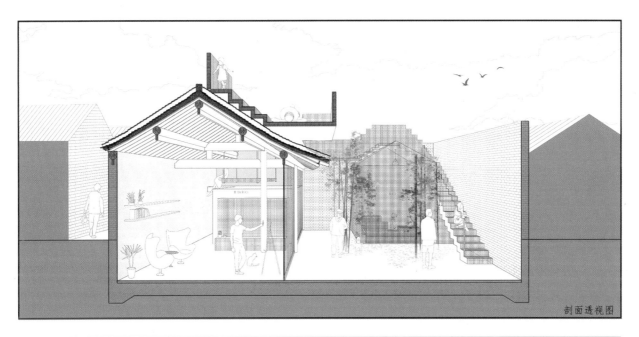

剖面透视图

平面图

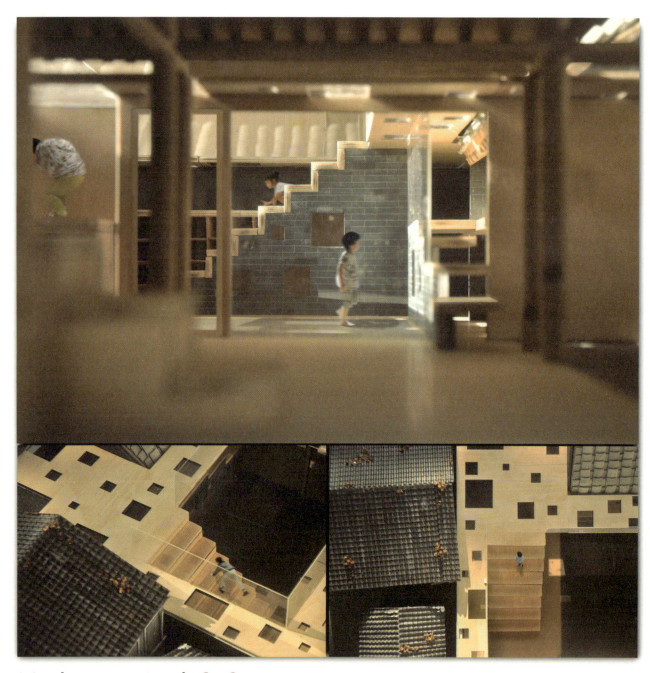

Hutong Ant 9-9 CAFA 2016 级 孟罡宇

关于方案：
通过调研之后我希望将蚂蚁洞的概念引入我的设计方案。蚂蚁洞的概念来自九湾胡同的气质，狭窄街道连接居民生活的私密院子，可以说是整个胡同的缩影，就像地下蚂蚁的洞穴。
改造后的院子是一个儿童活动中心，通过置入大的方块和细长条的方块形成孩子的独立空间以及活路径，路径是规划院子空间的主要逻辑。也是孩子的爬动路线。
改造后的院子同时具有私密性和公共性，一部分为室内空间另一部分对外开放，我认为这是为胡同引入新的活力以及打破之前压抑氛围的重要方式。

路径与尺度分析

路径中的空间尺度随着行为改变发生变化，有只针对孩子钻爬的路径高700毫米，有能站立与屋顶洞口产生对话的空间高1200毫米。

屋顶与街道关系分析

根据前期的调研以及方案修改过程中获取的信息，对于九湾胡同这样一个较为封闭的区域，创造一个开放的公共空间是很必要的。并且随着街区更多新家庭的出现，新的空间能为孩子们提供一个更活泼的环境。
整个空间中贯穿的楼梯是孩子们的攀爬设施，另外的大空间可以作为阅读休息的区域被利用。新院子的改造主要用到的是木材，我认为这是一种很亲近人的材料，并且院子中穿插的砖墙是与原有建筑的呼应，代表从旧建筑大新建筑的过度。

我将新院子命名为"Hutong Ant 9-9"，Hutong指的是院子所在的区域，Ant指的是我所采用的蚂蚁洞的概念。9-9指的是一个过程，将外面的九湾胡同的气质带入改造的新院子，从外面的"九湾"到里面的"九湾"。

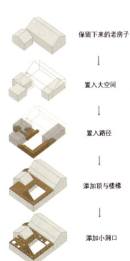

保留下来的老房子
↓
置入大空间
↓
置入路径
↓
添加顶与楼梯
↓
添加小洞口

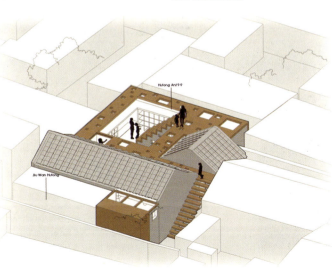

院落建筑面积112.8平方米
占地面积约200平方米

过程模型

原建筑平面概况

关于场地——九湾胡同14号：
这次课题项目的地点选址位于九湾胡同。九湾胡同所处区域北边是校尉营胡同，东边是铺陈市胡同，南边是鹞儿胡同，西边是留学路，九湾胡同位于四条主要胡同形成区域的中间，而课题的院子位于这个区域的正中心，是九湾胡同14号。
九湾胡同因拐弯众多而得名，所以整条街道具有一种深远氛围。原先的院子占地面积200平方米左右，建筑面积是112.8平方米左右，北边与西边是比较久的砖瓦斜顶房子，其他房屋都比较新。

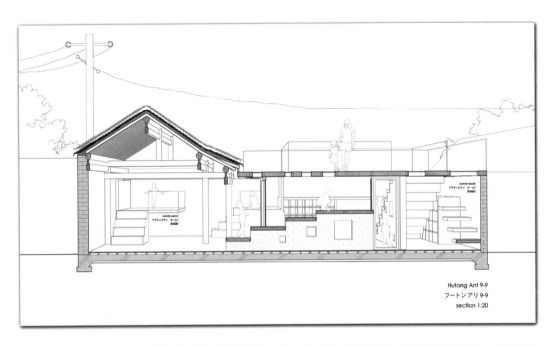

Hutong Ant 9-9
フートン アリ 9-9
section 1:20

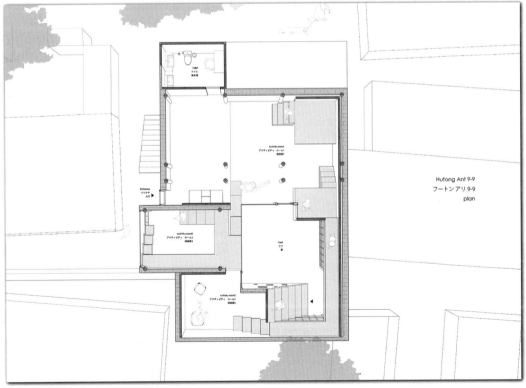

Hutong Ant 9-9
フートン アリ 9-9
plan

叙事性图像表达

电脑数字媒体在设计院校的普及使很多设计灵感可以在最快的时间转化为无限接近真实的"影像"。这种主动或被动的通过"技巧"来快速呈现设计结果，往往让学生难以专注于思维的反证、询证和因果论证的思辨的过程。将图像化叙事表达引入系统性室内设计教学框架中。其目的就是引导学生以"共情"的方式深入研究行为与场所的交互状态，将空间以情景化的建构手法加以表现，从而激发学生在设计过程中的创新思维。

是否存在建筑叙事学？叙事不仅预设了一个序列，而且预设了一门语言。如果这种建筑叙事对应了文字叙事学，空间和话语符号有交集吗？[①]

伯纳德·屈米

我们今天进入了一个以图像为主要信息交互媒介的"读图时代"，*图像社会或视觉文化时代的来临，已经成为当今一种主导性的、全面覆盖性的文化景观*[②]。信息的传递和观念表述的方式已经不再完全依赖语言和文字，而是借助于图像的表意和隐喻所承载的更为丰富的内容。我们发现，今天在互联网和共享时代成长起来的学生们更加乐于接受用图像化叙事表达的方式讲述、解释、推敲和传播自己的设计想法。而基于中央美术学院的平台，学生的绘画技能和艺术修养使得他们采用了多种多样的艺术形式来进行空间的叙事表达。它使创新思维具有可视化，建立故事性和场景感，让观看者产生情感认同，从而帮助设计者构成一个完整的设计逻辑思维。

"叙事（Narratology）"来自于20世纪80年代跨学科领域的学术概念，涵盖了叙述策略、叙事结构、美学观念以及类型学。在当下，叙事逐渐脱胎于传统的语言修辞的范畴，进入设计学领域，是一种自我信息整合以及与他人进行设计交流的沟通方式。叙事性表达包含"人物、场景、对白"三个要素。就是将叙事结构式衍生成设计思维的启发式手段；是对大脑中的设计概念描述、再现、重组，以实现设计者对设计思维的梳理和记录。将场景叙事作为图像表达的内容是一种图解思维的设计方法。是经过对具体形式的选择性提取和概括，利用经过编辑的图像来分析、解释和说明抽象的设计主题。以效果图为主的方案设计方法，图像更多的是对既有想法的视觉化呈现和自我确定。而图像化叙事场景构建促使学生通过寻找"事件"，回归到原始问题的起点，以发散性思维建立场景之间的相互关联性，完成空间的"想象"和"联想"的过程。面对当下这个以图像为主要媒介的信息交互的时代，学生不仅要学会设计的技巧，也需要学会用叙事性表达的方式讲述、解释、推敲和传播自己的设计想法。只有当创新思维具有可视化，建立故事性和场景感，让观看者产生情感认同，才能构成一个完整的设计逻辑思维。

---

① 伯纳德·屈米（Bernard Tschumi）.建筑概念：红不只是一种颜色 [M].陈亚译.北京：电子工业出版社，2014：109.
② 彭亚非.读图时代 [M].北京：中国社会科学出版社，2011.

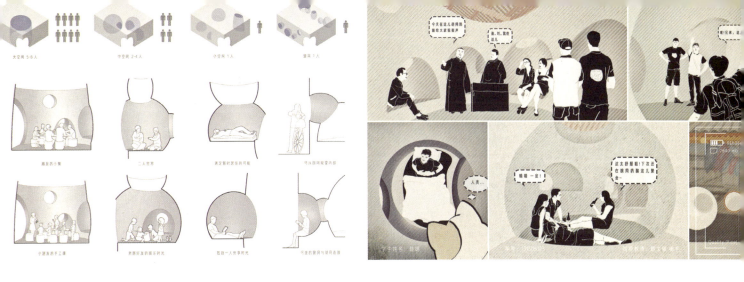

《胡同奶酪》作者：中央美院，2015级，陆明

《胡同奶酪》是一个为外来游客服务的公共休闲空间。设计概念是以人的身体尺度定义人的不同行为活动空间。在设计概念阶段，作者从人的尺度与行为方式出发，建立出一系列内部空间的图像化叙事场景，并由此进行图形、图解量化分析。在模型照片中置入人物行为后，将其与之前的概念进行相互验证。图像化叙事贯穿于从概念的初始到最终的空间具体形态的设计过程中。

095

《胶囊民宿》 作者：中央美院，2014级，麻芳瑜

《Green Wave——做客书屋》作者：中央美院，2014级，赵心怡

作者自述：我希望将北京传统四合院中人们喜爱在院中种植棚架植物的做法发展成一个空间特性，因此有了这样一个曲面的棚架，有的地方低到触手可及，有的地方高高抬起，让阳光和植物可以形成漂亮的投影，这个曲面贯穿了一部分室内，并且成为上下交通的必经之所。人们在室内读书时它的绿荫近在眼前，在墙边的吧台桌时攀升的植物成了人们攀谈的背景和夜晚灯光的旋律。对于二层的住户来说，这个曲面的瓜架更是成了窗外的风景，一年四季，风景各异。

叙事性图像表达

人物、时间、场景 建立叙事框架

"5W+H"来源于新闻六要素,指 Why(为什么)、Who(谁)、What(是什么)、When(什么时候)、Where(在哪里)和 How(怎样发生)。"5W+H"的概念在空间设计中,作为一种设计方法。有助于让学生从这六个方面对设计对象提出问题进行思考。通过其建立叙事性场景建构的框架,可以得出事件动态发展的信息模型。

叙事框架从空间的物质与情感述求(Why)出发,基于设计主体的功能(What)。框架的重要组成部分是与项目相关的所有参与者的分类,即叙事主体(Who),也就是参与空间场景活动的人物角色。人基于时间和空间的行为活动是影响场所的决定性因素,也是直接引发设计思维创新的因果关系。叙事主体的属性代表了不同的设计决策立场,每一种立场都可以构成不同的叙事结构。在叙事表达的人物角色选择上,我们鼓励学生选择不同参与者作为叙事主体,以此去建立自己的多角度叙事框架。同时,注入时间(When)和空间(Where)维度的参照和定位。这五种元素相互交织所产生的变量决定了最终空间形态的解决方式(How)。

目的(Why)			空间的物质与情感述求
对象(What)		居住型	未来场所功能类型
		公共型	
人员(How)	原始参与者	街区原住民	参与空间场景活动的人物角色
		外来租住人口	
	空间建立参与者	设计师	
		开发部门	
		政府规划部门	
	消费参与者	未来目标客户	
		居民、旅游者、参观者	
	传播参与者	微信、微博、网站	
时间(When)			空间的流动性以时间作为载体而体现,以时间为线索,强调在特定时间状态下空间所呈现的动态性,将日常生活的片段连接成一个完整的空间体验
	一年中季节变化		气候温度:旅游旺季,淡季,室外温度对空间使用的影响
	一天中时间的变化		采光、室外温度对空间使用的影响,上下班时间对室内功能的影响引发空间的使用功能的变化能的影响引发空间的使用功能的变化
	时间与心理空间的交互		特定的时间状态所呈现的幻想、梦境、艺术化的场景氛围
地点(Where)			以空间路径为线索,探究场地的街区、室外环境、室内空间之间相关联的多重路径的可能性
方法(How)			空间形态的解决方式

叙事性图像表达
叙事的情景　场景建立

对图像场景的选择和建构是实现图像化叙事的基础。大卫·波德维尔说："叙事是一种独立于媒介的现象,尽管没有媒介比语言更适合创造明确的叙事逻辑结构,还是有可能在其非语言的表现形式中研究叙事,而不需应用言语叙述的交流模型。[①]"那么,如何将片段化的场景形成精彩的叙事结构,让场景中的人物活动激发空间潜力?

"情景"是在空间场景里发生的行为、冲突、情绪。它是超越于文字和语言的心理感知,是视觉化呈现人与空间场景的情感带入。场景的叙事性就是基于"情景化"的概念去建立叙事的发生、发展和人物情感的线索。它需要设定人物角色,将行为活动情节化,以情节推进的方式引导出人与空间的矛盾性和复杂性,由此作为切入点去思考空间的优化可能。

由场景的叙事性带动设计者的思维发散和跳跃,需要以生动的场景情景设定来实现。不同的视角建立,反映不同的叙事情景。"主观视角"是根据人的日常活动视角反映场所空间形象。"客观视角"是以旁观者的角度,在一个整体场景中表现空间形式与人物关系。我们鼓励学生以自由的想象力和艺术性的表达方式将个人独特的思维闪光点和对空间的理解通过叙事性场景表现出来。我们发现,学生所设定的情景构成越丰富,就越能够引发他们的情感共鸣、情感代入、自我论证等积极的情绪。往往可以通过制造戏剧性场景来表达特定的空间主题和隐喻,由此激发他们去建立一个超越自我经验之外的空间形态。

《黄包车计划 #3》
田梓成,中央美院,2014 级

模型照片所展现的是静态的,纯粹的空间形式。而当人物出现在场景中后,空间开始具有情境性。场景的选择是根据未来人们在空间中的行为色设定的。

①(美)大卫·波德维尔. 电影诗学 [M]. 张锦译. 南宁:广西师范大学出版社,2010:151.

《山洞书屋——胡同里的图书室》
中央美院，2015级，
武建昂

基于对现有设计成果的基础上进行强化情景叙事训练，就是让学生通过大量手绘透视图表现连续场景空间，辅以讲述人物在生活空间发生的各种的事件与场所关系，将设计概念视觉化。同时，让学生通过对场景图像或叙事过程中的情感捕捉，在设计过程中提升情绪反应力和对空间日常行为的情感认知力。

直观式场景建构

根据波德维尔的电影叙事学理论，人的行为是具象化的，是一系列发生在一段时间、一定空间及有着时间顺序与因果关系的事件。直观式场景建构是从人的体验出发，注入时间和空间维度的参照和定位，以场所、行为、事件建构一系列建筑空间与人交互的情景。

直观式场景建构是对空间场景的客观描述。不同视角的建立，会产生不同的空间认知结果。例如：妹尾河童的《窥看》系列多取自上而下的窥视图视点。借用"窥视"的概念，实际上是拉开了视线与空间的距离，以旁观者的身份，脱离"我"的视野，远距离客观叙述关于空间的体验和事件的发生情景。在建立场景的过程中，学生需要思考从哪个角度展现空间？什么场景和事件会令人难忘？如何通过人物的行为特征与空间环境的关系的强化空间场景的辨识度？学生在场景建立开始首先根据人物的行为特点设定一条核心线索，人物活动随着空间的场景与时间的变化展开。场景的内容需要表达空间的尺度、光线的变化、人物活动和心理变化。最终这些流动性片段经过筛选、编辑组成一个叙事性的图像文本。

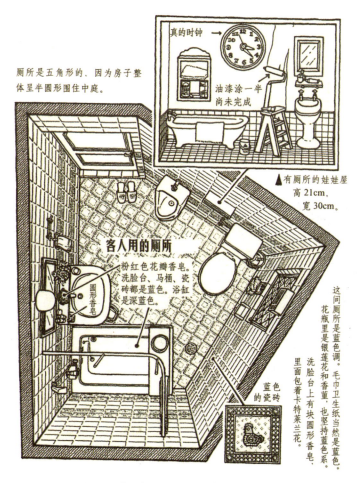

（来源：（日）妹尾河童. 窥视厕所 [M]. 林皎碧等译. 生活・读书・新知三联书店，2012.）

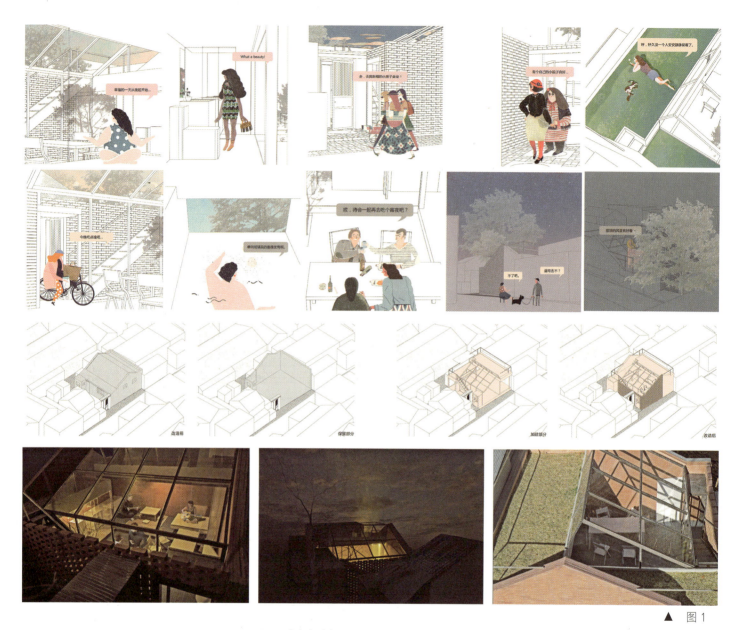

▲ 图1

图1:《院中院》
作者：刘晓艳，中央美院，2015级

《院中院》是一个建造在大杂院中的独立住宅。功能包含日常起居和屋顶花园。在对室内功能进行布局和推敲过程中，设计者以"胡同中的一天"作为场景叙事线索，按时间的推移，讲述发生在空间中的各种行为活动，以此作为下一阶段空间深化的尺度和动线原则。

图2:《黄包车计划#1》
作者：文均钰，中央美院，2014级

图2

想象式场景建构

　　想象式场景建构类似于电影中的蒙太奇手法。在伯纳德·屈米（Bernard Tschumi）的《曼哈顿手稿》中，他借用了蒙太奇的理论，以想象建构的文学和电影叙事的情节——"谋杀"和叙事体裁——"侦探故事"的框架，将建筑与人的关系分解成空间、事件和运动三个系统。他将这些抽象化的场景瞬间进行空间重构，以实现他对建筑的定义：建筑是一种叙事。"你进入一幢建筑，就像进入了一个全新的故事里。你有序地经过建筑的各个部分，就像是电影里的连续情节，这些部分一起组成了这个故事。"①

　　想象式场景建构包括不同时空下的场景的并置、交错、重叠，强调空间的多元化属性，是更为灵活的叙事性表达方式。学生在由概念到方案的过程阶段，往往并没有形成一个完整的设计思路。因此，将概念进行分解，捕捉大脑中瞬间的动态场景片段和思维碎片，以后期剪辑、拼贴的方式重组，最后形成一个完整的叙事结构，有助于整合设计者的发散性设计思维。

《街道剧场》
作者：张雅云，中央美院，2015级

《街道剧场》是一个提供戏剧演出的开放式剧场。作者采用蒙太奇的手法，将真实与幻想中的戏剧场景混合在初步概念设计中的场景建构中。

① 《伯纳德·屈米：建筑是一种叙事》，建筑人生 Vol.13，http://www.sohu.com/a/153318158_668085。

叙事性图像表达
图像的语境　情境式的话语体系

在叙事性图像文本中，文字具有作为前期脚本、图像解释、强化场景的情景感的多重作用。学生可以在建立图像场景之前进行文字预设，即脚本，也可以在完成场景建构后以文字对场景进行补充或联想。在日本舞台设计家妹尾河童的《窥看》系列中，由于作者的职业背景，图像是以透视的形式来展现具象的空间场景。在这些理性的对客观事物进行描述的图像中，文字的介入彻底改变了静态图像的属性，而成为具有情节性的叙事性表达。在他的插图中，文字的内容涵盖了对背景、时间和空间的描述。在文字叙述主体上，也不停地转换语境，以文字语言引导读者对于人物的日常行为的联想。文字不仅是对图像本身的解释和说明，同时可以作为空间想象的延展。将文字语境化是将场景情景化的一种思维联想方式。

图像化叙事中的语境是指场景叙事文字的三种陈述形式：旁白、对白、独白。

旁白：文字就像是电影画面之外的旁白。叙事角度从具体人物关系中抽离出来，以客观的态度叙述情节，传达信息。旁白作为设计者的角度解释和分析场景，更强调设计师的自我意识。它可以更为清晰地阐述和记录设计者的想法，进行叙事的衔接、时空场景的转换。

对白：以空间中参与者的视角进行场景叙述，表达人物的内心情感。通过空间场景中人物之间的交流过程，建立人与空间的参与感和认同感。

独白：人物内心自我表述，更接近于主观叙述。以"我"作为第一人称，以人物对空间场景的个体感受为出发点，强调场景的亲历感。

"对白"与"独白"的核心是训练学生以移情的方式展开空间感知和联想。在叙事空间建构中，让他们以文字表达对场景细节的关注，结合图像建立起情景式的话语体系。

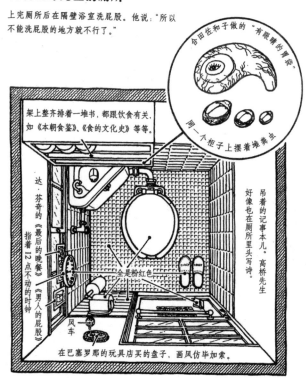

(来源：(日)妹尾河童.窥视厕所[M].林皎碧等译.生活·读书·新知三联书店，2012.)

叙事性图像表达
模型照片中的镜头叙事表达

我们的课程要求是所有的想法必须实现"可建造性"的原则。要实现这一目标，必须将在设计方案阶段所建立的叙事图像转化为具象化的真实空间。最后阶段的教学主要是帮助学生通过材料模型的制作，对模型空间的情景化表达和深入细致的图纸绘制对方案的构想进行推敲和视觉化；在制作模型的过程中理解材料的物质性与情感意象。模型照片的拍摄过程借鉴了镜头语言和镜头叙事技巧，将其作为一种观察方式，去寻找和挖掘空间与人的关系。学生们抛开对文字和语言的依赖，回到方案阶段所建立的图像化叙事空间建构，寻找和发现空间的潜力，感受材料模型所建立的空间体验。

《雪国》中《越后汤泽车站》（左）和《秋天后山》（右）的场景
（来源：（日）妹尾河童. 窥看舞台 [M]. 姜淑蕾译. 南宁：广西师范大学出版社，2010：82.）

通过对木质、植物、雪等材料的场景建造，配以不同的灯光给观众以真实的视觉感受，在这样的场景营造下，观众才能更为强烈地被演员的表演与剧情所传达的情绪所感染。

照片的拍摄场景必须与设计理念建立一种有机的联系。这种联系是以模型为主体的设计表达方法的核心要素。场景的选择和塑造要融入整体的设计创作思路中。学生们以人的视点设定镜头的位置、高度,利用真实的光线、材质、空间结构,结合人物的行为活动描述空间在实际使用中即将发生的场景,用一系列的图像完成一个设计叙事。用镜头代替语言进行叙述是通过相机拍摄出来的图像主题及画面的构图去感受设计师所要表达的内容。在这一方式中,所有的视觉表达都是围绕着视点的转换和运用。拍摄视点的设定取决于设计者的立场、价值观和情感感知力。我们要求学生们以人物在场景中的活动路径和时间为线索去发现空间与人的新的关系,发现光线对空间和材质的影响,在场景动态的变化中寻找空间使用的多种可能性。

《落瓦——东四十一条胡同澡堂》
作者:莫奈欣,中央美院,2012级

将土木砖瓦石这样的传统材料,用现代的建筑手法来给予人们不同的空间体验,使用北京胡同拆迁后剩下的瓦和木,通过新的组合方式设计一个在拥挤的四十一条胡同立面的地下澡堂,地下四面墙都由瓦片铺在表面,由下面看上去,像一堆瓦向下倾泻,西边的瓦墙有水流下,配合顶面的玻璃天窗形成丰富的光影,建筑主体为木结构,和四合院一样都为瓦和木的结合,但是给人制造不同的体验。
学生以"澡堂"为叙事场景空间,将澡堂中不同时段和区域中的人物作为镜头叙述主体。以生动有趣的画面表达出胡同澡堂的日常景象。

《隐士禅院》　作者：骆欣明，中央美院，2013级

设计主题是在胡同中建造一所供居士修行的微型寺庙，以"大城市中的小世界"为概念。室内界面以草绳作为"软墙体"，形成"虚"的屏障划分空间，以实现诵经、冥想等修行活动。在镜头语言的运用中，设计者选取了建筑内外，由人的不同行为的介入对建筑和空间的影响的场景。同时，每个空间中材料和光线的交织产生的空间意境，都与画面中人的活动契合。所有的镜头语言都展现出禅修空间所传达出的情绪感染力。

叙事性图像表达
光影、材料与空间的叙事性

从光线的角度阐述设计想法，尝试建立一个和场景平行的阐述方式。模型空间内场景就是一个发光的舞台。观看者会有意识或无意识地被光影所带动，跟随镜头去感知作者想要表达的设计理念。如场景的功能性、空间的构成、人在空间中的情绪。用光线引导叙述表达是可视化的重要元素。时间和空间是一个阐述建筑空间所需要的基础媒介，空间所承载的光影变化是模型作为设计表达的视觉化语言，是作为整体空间关系在时间与空间维度的组成。光线是变化和运动的，模型与数字模型的区别在于它是肉眼所感受到的在时间与空间的变化下，真实的光线赋予实体的不同的形态、质感、照射的强度、色温、色调等。这一系列的视觉呈现共同构成建筑空间的时空运动性。模型照片的拍摄让观者直接地感受到场景所展现的气氛、情绪，乃至心理上所引发的象征性和意境。

光影对材料所形成的冷热、硬度、温度同样引导着观者的理解和情绪。需要让学生理解材料的视觉性是动态的。材料在阳光下，在阴影中，在夜晚温暖的灯光下所呈现的是完全不同的色调和不同的情绪表达。由此，对材料的表现的方式的不同，会产生不同的空间意境和引导观者产生不同的情感认知。而这些不同的视觉效果所呈现的逻辑是以场景中的人的行为活动为依据的。

《胡同里的花园》 作者：于佳涵，中央美院，2012级

这是一个以温室花房为主要功能的社区活动场所。设计者采用玻璃砖作为界面材料，研究如何将自然光线和室外的景色带入到室内，营造轻松的交流空间。
图中所呈现的是借助于同一场景中，材料与光的介入下所构成的动态空间叙事情景来感知人与环境的融合关系。

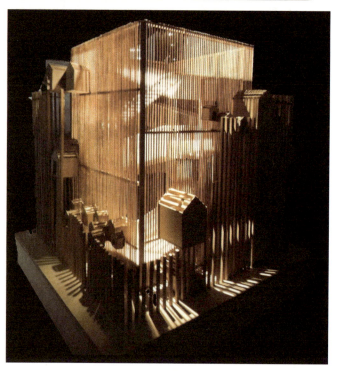
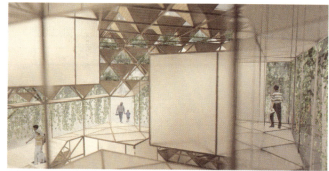

▲ 图1

▲ 图2

110

叙事图像表达阶段老师讲评

对学生来讲，以图像进行叙事表达是整个课程中比较愉悦的阶段。由于美院学生的专业特点，他们对于绘画和图像的运用具备较为纯熟的技巧。同时，他们会根据自己方案的特点，对图像进行艺术加工，创造一种和设计理念相呼应的"画风"。以这种表达方式代替传统效果图的绘制，使学生能够以更加主动的态度将自我情感注入图像语言中。通过这一阶段的模型摄影训练，学生开始掌握了镜头语言，学会了以真实的视角来看待空间，并且注重人物的行为与空间、光环境和材料之间的关系。这种训练不仅为他们的设计表达拓展了技巧和思路，另一方面，对于学生的逻辑思维和阐述能力的培养也非常有帮助。最重要的，是让他们在制造图像的过程中，探索空间语言的多种解读方式，即空间的二次认知。

图1：《宠物之家》
作者：刘金秋，中央美院，2012级

该作品是为出门在外的主人提供一个温馨的寄养宠物的收容场所。这个场所可以给宠物猫提供一个空间居住并且玩耍，给社会上那些无处栖身的流浪猫一个空间玩耍和停留给它们以保护，并且给人们一个交流空间。由于场所是24小时运营，因此，夜晚的建筑空间对于街区有着重要的影响。白天与夜晚的空间展现出截然不同的情景氛围。设计者利用模型模拟了夜晚的灯光空间环境，让人与动物享受木格栅带来的光影感。

图2：《三角森林》
作者：刘璇，中央美院，2013级

由于胡同街区狭小，传统庭院的消逝，设计者希望提供一个绿色的自然空间场所，让建筑具有透明性，扩展街区的视觉尺度。于是，学生创造了一个用磨砂玻璃、木材、绿植搭配设计的花房。三角不仅是结构的搭建形式，也是室内空间的构件和家具。作品用一种理性的态度去诠释材料的内涵。在创作中，学生会发现，最终成果的体量、重量、形态等因素都会对不同材料的表现力产生影响。

图3：《社区家庭旅馆》
作者：曹宇，中央美院，2013级

▲ 图3

方案强调室内的材质感。设计者通过不同的材质，如水泥、木和玻璃与光影的结合，创造不同的空间体验。

可建造研究　精细化图纸绘制
绘图与空间的关系

在植物学家和解剖学家等一些职业中使用制图成为一种技能。他们制作的植物图、人体图是科学的东西，而不是所谓的绘画作品。为了不体现出个人的个性，手法是被限制的。在这方面，科学的开放发展，开拓了人们对于事物客观存在再现的不同手法。

图示虽然和照片一样写实，但给人和照片不同的感受。将要素通过轮廓来捕捉，将其轮廓内填充水彩色调，有时再写入文字。如此全面的表达技术会产生惊人的细节，使观察对象的多样性变得更加突出。用图解来分辨一个一个的细节，是人类能够看到它们的一种达成的证明，同时也是人类的目光被这些对象引导的证明。

本课程利用这一古老的图示技术，加入绘画成分，将剖面图的准确性和人生活的诸多细节综合表现出来。产生出一种新的表达手段。

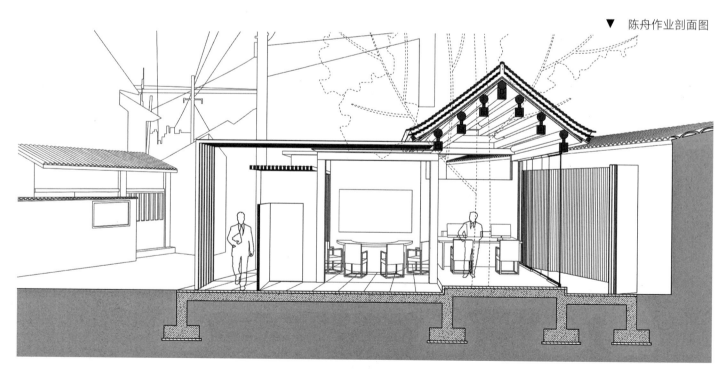

▼ 陈舟作业剖面图

▲ 唐琦玮作业剖面图

▼ 邓博文作业剖面图

◀ 《北冰洋体验中心》
作者：孙楚杨，中央美院，
2014 级

▶ 《停歇》
作者：安舒，中央美院，
2014 级

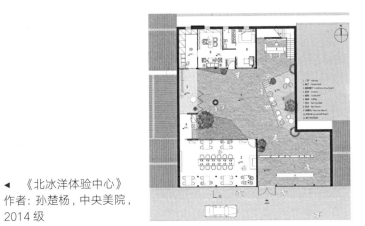

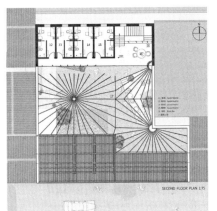

图解简介

列奥纳多·达·芬奇为了生动地描绘人物形象，要去理解人体内部结构。在解剖过程中画出草图并亲自解剖，这是众所周知的事情。通过被这种医学、艺术学的解构图触发，描绘建筑学的解构图的尝试，是我们这个阶段课程的目的。读图者会自然想到："这个图是在哪个阶段描绘的？或者是在设计的途中？还是在现场发出指示？或者其建筑完成之后？"，我认为可以回答为：我们在教学过程中，中后期阶段作为精细化绘图的介入阶段，随着方案的修改，我们要求学生随时调整图纸的内容与细节。

在此，被称作"图解"的是剖面详细图或平面详细图，它以一个点透视给予深度，作为附景还附加上了从人物到家具、用具、植栽、汽车、周边的建筑。立面和平面详图是为了在设计阶段和施工阶段与施工人员进行协商而绘制的，之后，为了向业主和地区居民、潜在的利用者等传达计划内容而描绘的透视也包含其中。为了有更好的沟通，从建筑物的设计阶段来看，事前描绘是非常重要的。然而，精细化绘图是在描绘建筑物内外的人们的行为、日用品、透过窗户可以看到的都市空间部分、旁边建筑物之间的间隙的详情等，建筑物的完成，以及不易察觉到、开始使用时无法观察的要素都要被详细描绘出来。围绕着一个建筑物的竣工，事先计划的"想象的空间"和事后被观察的"空间的既有"，都在一个图上被重复着。

在课程理论中，我们一边比较古今东西的绘图法和设计图表现的系谱，并试着让学生了解精细化图纸绘制的目的。

精细化图纸绘制的制图，关系到所谓的"剖面透视图"的系谱。追溯这一源流，首先涉及保罗·鲁道夫（1918—1997）[①]的一系列作品。特别是耶鲁大学艺术建筑学部的剖面透视图十分出众，能够一举掌握部分空间之间的立体关系和支撑它的大胆的结构形式。家具、日用品等没有描绘，画的、人影和内部空间的巨大对比被表现出来。在当时的日本也经常使用同样的手法，其背景下有着有与建筑的巨大化同样的时代背景。那样的描绘方法本身就会使建筑巨大化，简直是建筑建设到城市内部，从而形成了"建筑＝城市"的想象力。但是，建筑扩大到一个小城市的规模，这也说明城市的规模被缩小到一个建筑的大小。

▼ 李乐瑶作业剖面图

[①]保罗·马文·鲁道夫（Paul Marvin Rudolph，1918.10.23-1997.8.8）以他在20世纪后半叶对现代主义建筑所做的贡献而为人所知。他曾在耶鲁大学建筑学院担任了6年院长，并设计了美国粗野主义建筑早期代表作之一的耶鲁大学艺术与建筑大楼。

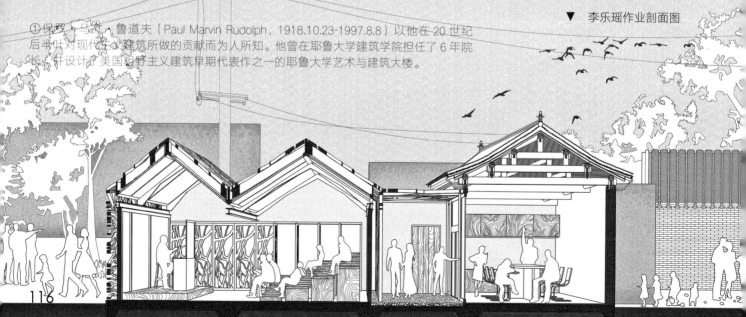

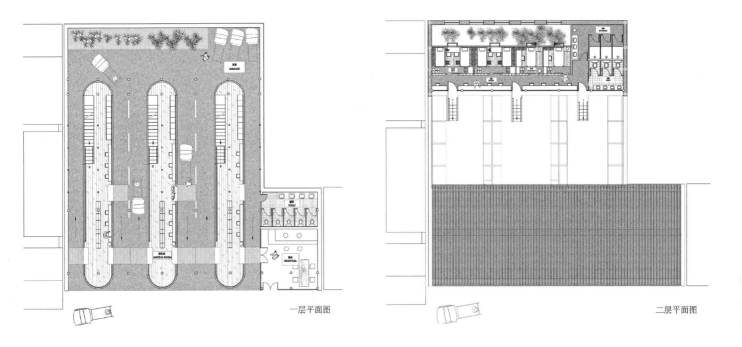

一层平面图　　　　　　　　　　　二层平面图

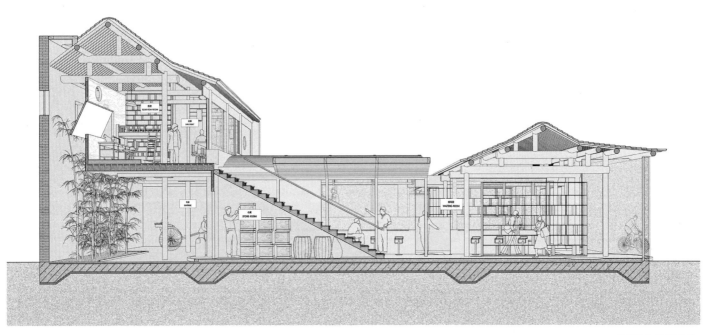

《黄包车计划 #3》
作者：田梓成，中央美院，2014级

▲ 赵宗宇作业剖面图

▼ 孟美汐作业剖面图

剖面透视图通过仅仅是一个剖面，全面地展示建筑物的复杂整体，使人更方便在脑海中构建现实中无法体验的空间。如果是未完的建筑物的透视图，那意味着那个建筑在这个世界上还不存在"没有体验过"的。但剖面透视图的场合，这个观点本身就是不现实的，是"不能体验"的东西。"没有体验过的/表现不可能的事情"经常被称为"理想"。保罗·鲁道夫的剖面透视图可以看到表示了"建筑＝城市（建筑是城市，城市是建筑）"的理想。那是对建筑物巨大化时代的社会、经济背景对建筑家的响应。

保罗·鲁道夫作品 ▶

▼ 郭晓婧作业剖面图

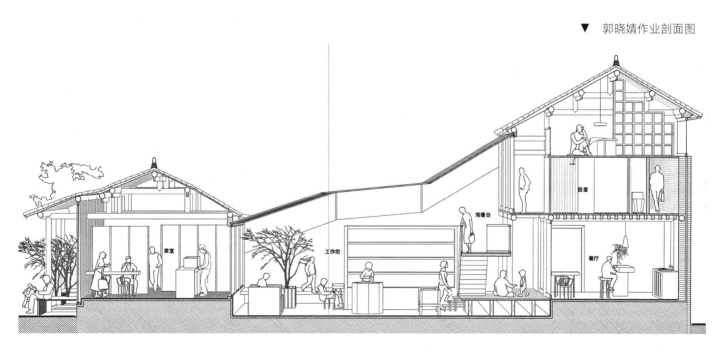

《半空间》
作者：史心安，中央美院，2014级

《方·院》
作者：谢晴，中央美院，2014级

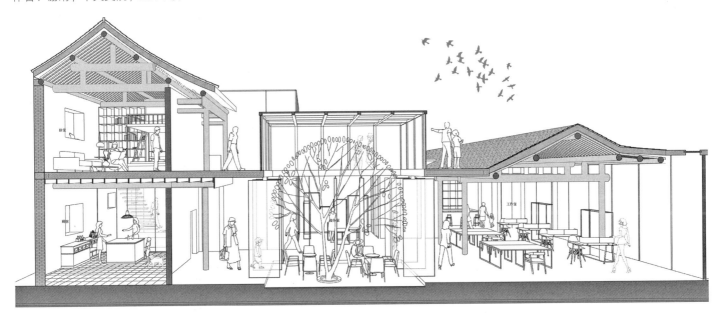

121

与学生的讲述中，我们尝试追溯到建筑物一起观察的，描绘市井的人们的日常生活的表现的源流，我们会从战国到江户时代由画师制作的屏风中寻找线索，告诉学生们生活中的细节如何与建筑结合。这虽然不是反映了属于建筑师和技术人员的知识体系的图，但是全体的图法曾经在 OMA 的发表中也经常被使用，一些保留了立面的"斜轴测投影"会在他们的图纸中使用。

我们课程借鉴了日本很多建筑与空间设计精细化图纸绘制的书籍，发现在日本明治维新之前时代的绘画中常常出现这样的手法：町屋风的建筑沿街排列，店中和街道上展开的京都町中的日常生活和节日同时和各种各样的热闹景象被描绘出来。虽然这些人们的行为可以超出屏风的边缘程度扩展着，但其每一个对于整体来说都是小的部分，这些之间都是由金色的云填满。在此之前，所见的透视图中所示的由消失点指定的中心＝观察主体的位置、远近的对象的大小没有差别。也就是说没有唤出观察者的主体性、对象的权重。换句话说，只能在同一时间（现在）的同一场所（这里）的这样的人的经验和空间不可避免的整合性被取消。相反的在斜轴测投影时，产生时间和对象都是被并行的感觉。利用这一情况，可以提供对象的形态的变化，以及可发生的动作的变化，显示了等价且同时并列相互潜在的展望。

所谓的城市，就是这个时间和空间的并行性潜在的被需要的地方。法国的小说家乔治·佩雷克（1936－1982）的作品《la vie mode d'emploi》（《生活使用说明》）（1978）是这个理想的文学的展开。给佩雷克带来灵感的是在索尔·斯坦伯格的绘图《double·up》（《对折》）（1946年）。佩雷克将办公室的配置设定为10米x10米的网格，根据事先设定的限制列表的组合来生成各室的故事，尝试描绘了如这幅画那样缺失正面的建筑物。

在此，仔细观察一下斯坦伯格的绘画。各室的内容根据透视图的深度来描绘。天花板高的二层是充满着高档家具和室内装饰的生活，天花板较低的一层是猫和老夫妇的俭朴的生活，三层带着孩子的家族的生活，最顶层是单身人士和年轻夫妇的生活情形，一套公寓中的世代的差异、世代构成的差异、经济能力的差异、价值观的差异等被分别描绘出来。并不是在社会中有建筑，而是在建筑中社会的多样性蜂拥而至，可以说是社会学的发展愿景。

▼ 杨佳祺作业剖面图

《停歇计划之游园》
作者：袁千景，中央美院，2014级

作者：杨牧晓，中央美院，2014 级

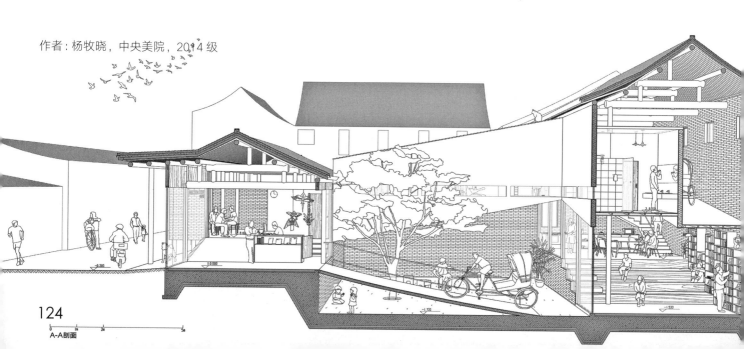

A-A剖面

继续追溯源流,我们必须提到今和次郎的考现学、宫本常一的民俗学以及文化人类学。与这个同样感兴趣的是连接建筑学系谱的东西,即传统的村落和建筑物的"设计调研"。这些都是基于对已经存在的建筑和城市空间的观察的意义上作为有设计调研的方面,但是前进的方向不一样。我们期望对以上一些知识的浅显研究串联起对于图解绘画的基本认知。

设计调研在20世纪60年代表现出繁盛的现状,这是对近代以后的建筑、城市的批评。现代化的过程中推进了功能主义的建筑或城市空间的构建,人性化的规模开始超出范围(巨大化),为了生活的温暖,在得到场所和风土的一体感上不可或缺的有机性和多种价值均衡、共存的复杂性缺乏,开始被人们注意。

例如,小商店和住宅肩并肩式地形成一带,在被大型建筑的开发所取代的地方,建筑和街道的界限成为坚硬的东西,失去了作为相互渗透的界限的特性,因此人们被剥夺了独立的行为余地,其结果也暴露出了行为日常性被忽略的危险性。人们的行为不被反复是肉身不能去占有,这意味着这一事情所花费的时间不能蓄积成为可以立即被人关注的空间的性质形态。

因此,要理解在传统的村落和建筑物中,超越世代形成的卓越的魅力,在1960年建筑师和研究者们开始进入到现场进行观察和探听。也就是说在这个时代的设计调研里,已经共同有了从领有一侧重新审视计划的时代要求。

由于传统的村落没有图纸等存在,也没有集成的设计者,所以拍摄记录照片、实物写生、量尺寸、看不到的地方活用工法的知识,制作了更准确的平面图、立面图、截面图、矩计图。但是,在那里也有很多东西被一起记录,如家具、地板的石板、动物围栏、植栽、散乱的生活用品等。这些杂物中,隐藏着在那个村落的职业、每天的生活、每年举行的节日以及对气候风土的对应等,反复多次重复的事情中隐藏着冷静的事物排列,去引导这种反复就是建筑的构成。随着它们被一起描绘,各种事物相互关联的生态学的发展前景也会出现。

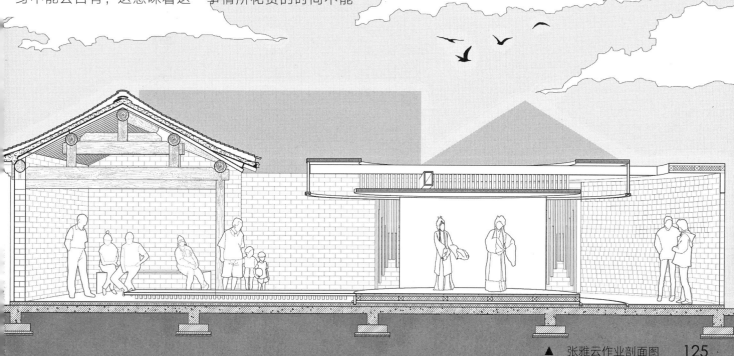

▲ 张雅云作业剖面图

▲ 麻芳瑜作业剖面图

▼ 胡冰煜作业剖面图

到现在为止的研究中,这些制图的表现有描绘的是什么对象的角度和如何描绘的角度,从这两个角度重合看,发展前景的结构就已经很明显了。以这个为基础,在返回"图解是什么?"的最初问题之前,我们就要看看犬吠工作室的制图了。

迄今为止,犬吠工作室使用了由洛中洛外图屏风使用的斜轴测投影,经常采用像漫画这样的单线描绘城市中建筑物的方法。热衷观察构成城市空间的不知名建筑物的生态学的理想方法。从那里产生了收集了东京的混合的"废旧建筑"《Made in Tokyo》(2001,鹿岛出版社)和收集了极端的小建筑物《宠物建筑学入门(Pet Architecture Guidebook)》(2001, World Photo Press)等。另外《Walking with Atelier Bow-Wow Kanazawa Machiya Metabolism》(2007,金泽21世纪美术馆),原町民街的住宅群,通过比较保存的立面斜轴测投影,以及在20世纪的商铺改变的系谱定位的一种混合画法。

纸面也是空间。因为用铅笔画在那里的描绘是伴随着身体的行为。当然也需要相当长的时间。通过体验这个过程,这个纸面的空间确实领有。如果从建筑的完成开始,就将事后的空间的领有的感觉重叠在绘画上实践,并使其扎根在纸之上。

在与这些图面表示的关系中,图解说明如何定位。图解说明首先通过截面图和平面图与空间的形状、排列、联系一起的同时、被切断的墙壁和屋顶的内部技术细节这种事前计划的内容被描绘出来。而且还描绘了根据一分透视的深度中,被带入的家具和生活用品、窗户的视野以及人的行为等事后上观察的内容。通常在不同的意图和机会的基础上,分别描绘的东西在一个图面上重叠是因为可能在事前和事后的计划和未计划有被区分的事物问题中产生某种关联。

黄雪铃作业剖面图

"某个地方"所指的不仅是人也是指光、风、热等各种各样要素的行为的均衡状态。每一种行为是取决于在各要素内在的原理和规定其行为实际上展开到什么地步（动作的容许范围）的环境的关系来决定。这种环境的决定，大部分根据"某个地点"的物理结构来衡量是毋庸置疑的。构成中多次被生产的行为是伴随着反复的特有的时间框架。这是根据建筑物的完成为分界点区别开来的和直线进行的时间框架不同带来的另一种价值，相对于事前计划和事后的领有的区别。由这个反复的时间的基本框架引入价值是超越时代（时间）被持续的，自然的行为和其自然对应的人们组成的行为举止、在人们构成社会内在化的行为、使多种多样行为均衡的建筑的知性是现代建筑实践的开端。

　　从计划和领有的问题的事前／事后分割，到由构成所支撑的行为引起的反复。这是对于开始的问题的暂且回答，也是图解说明的一个理想。

▼ 贺毅仁作业剖面图

▲ 文均钰作业剖面图

▼ 唐逸伦作业剖面图

▼《连院回环》
作者：朱叶，中央美院，2016级

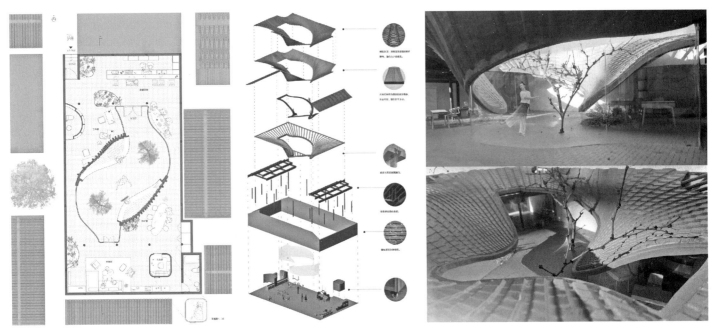

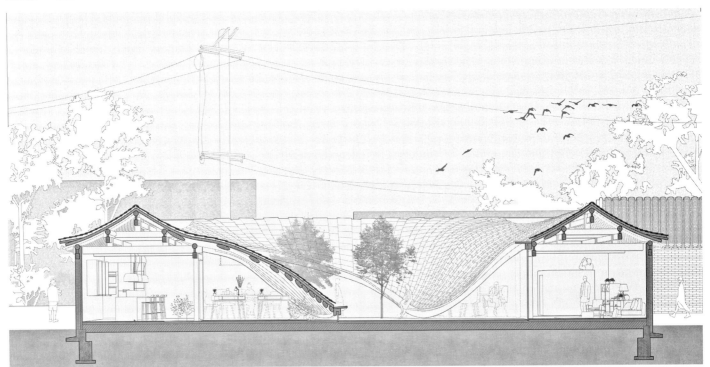

可建造研究　精细化图纸绘制
精细化图纸绘制的目的

　　通过从主观性解放出来以及在这些图示中的诚实的观察，本课题的精细化图纸绘制的主要目的在于一览学生作品的细节。到现在为止，学生们在这个课题中已经利用文字、模型和效果图尽可能地在表达设计意图，但我们需要更深一步地通过图纸表现他们的感情与想象的空间细节。所以他们使用自己的技能来描绘，基于如平面细部和节点图，在住宅图示中呈现空间深度。假如以照片的形式来做，可能需要大量的照片、房间和要素的组合构图、相邻的外部环境、行为和地点、物件之间的关系等，都要求他们在一张绘图中呈现。因此，希望能够看到充满矛盾和对立的多重意图通过以特定建筑元素为媒介被有机的联系的样子、对各个住宅的物理限制的回应生成的一种未被预见的光和日常生活的现象的样子。这些都是不无视各个住宅的本来的条件的场地和人"生动空间的实践"。建筑通过对这种多样性睁开眼睛、倾听、鼓励和帮助，是一种对建筑学本身的重新发现，这也是课程在这个阶段的目标所在。

▼　李蕴冰作业剖面图

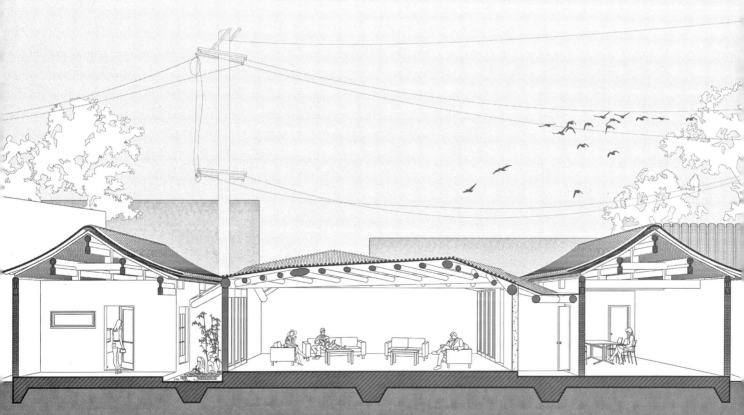

《乘凉院子》

作者：郭元蓉，中央美院，2015级

此基地位于北京西城区天桥北部储子营胡同31号。通过对基地的具体调研，总结出胡同地区存在的几个相似问题：公共空间与绿化的缺失，道路拥挤，房屋密度高，胡同内部院落被加建或杂物堆积填满。即胡同居民生活在一个十分拥挤且难以喘息的地方。而人口调查表明，胡同的老人与小孩比例较大，他们都是属于需要宽阔的场地休闲玩耍的人群。因此，设计方向是为胡同居民提供一个在生活之余能呼吸的地方，将院子还给四合院。取名为"乘凉院子"是因为"乘凉"一词比较符合居民的放松状态，而且在乘凉时居民能够进行各种各样的休闲活动。

在基地调研的过程中，发现胡同中有类似的居民的乘凉空间，但活动空间较小，使用功能有限。通过观察这些空间，总结出他们的普遍规律，具有以下几个空间元素：能够形成空间的"顶"、家具、植物/蔬菜。这三个元素，成为改造方案中的设计原型：可移动屋顶，可组装家具，可供植物种植攀爬的空间。

"通过屋顶的翻折，室内外就能互相转换"。以此为灵感，将中国传统房屋注重隔墙，通过室内外高差区分空间的特点，改造成可移动隔断，室内外高差统一。结果通过移动屋顶，院子与室内可以任意定义。

学生通过图形拼贴和图解精细化绘制，完成了胡同改造中对于人交流空间中的细致化表达。其中对于屋顶造型和光影的造型梳理，很好地通过图解的精细化表达出来。可以通过这一习作看到，课题的目的有了很好的解答与梳理。

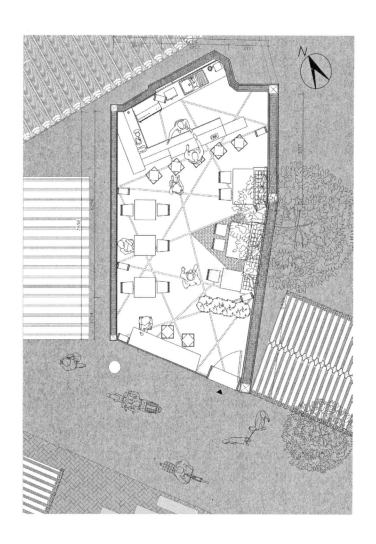

《树影之屋》
作者：黄雪玲，中央美院，2015 级

　　改造的旧建筑所用的材料和当地胡同所用的材料有关。比如当地有很多各种各样的砖结构，红砖、灰砖、铺砖等，而说改造的建筑中也有相应应用到这种砖结构，就是墙面的铺砖，改造后的建筑所用的墙铺砖既和当地结构有联系，也有一些差异性。

　　还有改造后的建筑用了新的树状支架结构，所用的树状支架结构也和当地的木头结构有关。另外，这个新的由树枝演变而来的树状结构在阳光下投下的斑驳影子和树表面的斑驳有一定联系，也和周围的树投下的斑驳阴影有联系。白天，咖啡厅主要以树的光影和树状结构投下的光影渲染气氛。晚上，咖啡厅以店内的暖黄色灯为主，再加上通透的玻璃顶面可以看到深蓝色的夜空。晚上室内的暖色和室外的冷色形成对比，给人一种视觉冲击。

　　学生通过绘画叙事形势完成了空间的设计预期，同时用精细化图纸完成了她设计的主体表达。最难得的地方是学生利用对话插图，完成了设计中对使用者交流可能性的深刻试探。

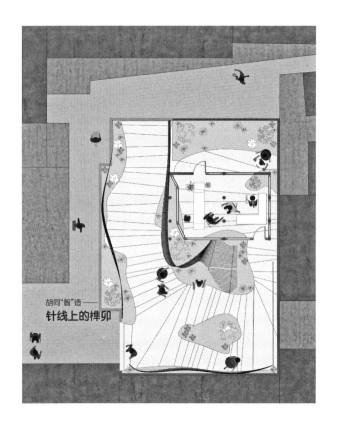

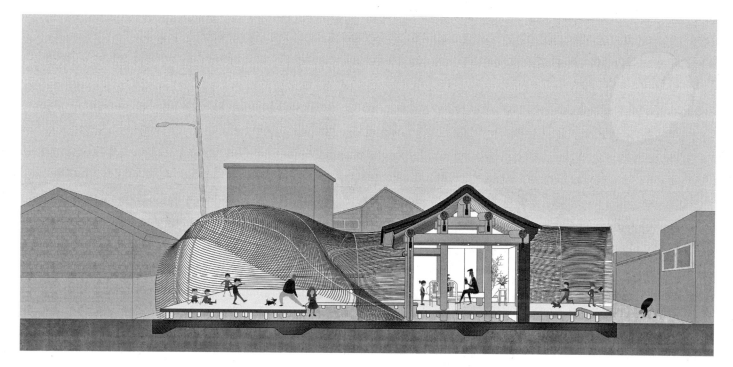

《针线上的榫卯》
作者：崔珈宁，中央美院，2016级

可建造研究阶段老师讲评

我们知道不仅是建筑家，包括市民都理解当地的共同建筑语言，因此可以领会各个建筑物形成的场所意义，新制作的建筑可以通过行为与历史和现在对话。北京的街道曾经应该也有那样的建筑和城市的对话，但是在近代化和工业化直接结合、建筑工业化带动经济增长的过程被遗忘，而且在北京，由于诸多原因导致了规划连贯性的断绝。因此，虽然没有必要再考虑建筑物的行为，但这种行为以类型化的方式留在现在的住宅建设方法中，或在个别尝试中存在着片断。课程通过这一图形化图解的制作与绘制，希望通过学生设计的深入图形表达与手绘场景的深入绘制，完成对于历史性北京的空间思考和现有城市问题的尝试性解决，让学生对于设计的图解性表达有了更多的人性化思考。

06
－图像与文本的综合图示－

评图是整个教学过程的最后一个环节。传统的评图是以个体为单位，由某位学生单独向老师们和同学们进行设计阐述。其形式一般以图版或 PPT 为表达手段。目前看来，评图往往被当作体现学生设计和绘图能力以及语言组织能力的整体评价标准。但是，我们希望它不仅是学生对自己所有工作成果的总结和汇报，也是试图让他们学会通过建立一个图像与文本的综合图式，去整合自己的思维过程、梳理思维逻辑、清晰地表达自己设计观点的学习过程。由此，在课程结束时采用的是作业展的形式，将对方案的讲评和讨论置入展览的核心，在展厅中设置课堂，增加外部评审的环节，使展览成为知识和信息交汇的现场。作业展是学生创造的作品与参观者进行面对面的沟通，充分强化观者视觉感受的载体。激发学生与观者的参与度远比纯粹的视觉感官更具有体验感。它也不仅是单纯地将作品进行展示的视觉陈列，而是将设计成果与解读进行充分的关联，让观者能够通过图像与文本对创作者的设计理念进行充分的解读，是一次创作者和参观者的互动过程。

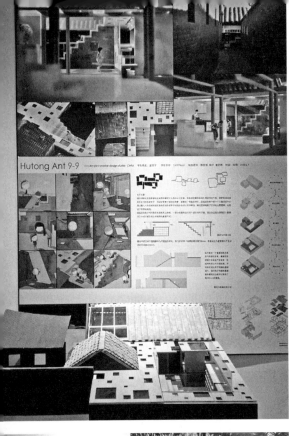

展览与评图
主题 - 内容 - 展示

展览不仅反映学生作业情况，也是教师通过展览的形式对整个教学的过程、思路和逻辑进行总结和展示。展览作为学院教学体系中的学术活动，教师的角色则更像策展人。策展的目的并不是简单将学生作业进行视觉呈现，更是一种对于课程所涉及的核心问题的思考。我们希望让作业展成为学生与老师共同呈现和表达设计思想的重要手段。同时，作业展也是通过对课程和学生成果的总结，对于城市空间和生活方式的梳理和研究。我们以《胡同智造》为宏观概念，以人对旧城公共空间的关系作为线索，对每一届展览都设定了不同的策展主题，回应当下城市胡同生活所面临的问题、人们的生活方式和社会发展的动态性，并提出不同实验性的解决策略。

展览必须与特定的主题相结合。策展的意义在于提出问题，以此带出对问题的解决思路和逻辑。从作业评图到作业展览，是一种从教学训练过渡到具有系统性课程思考的学术活动。在策展的过程中，要根据课程的教学思路与学生的创作成果和特点出发，通过问题的提出和主题的确立让展览即将传递的信息得到快速和广泛的传播。在选择主题的时候需要明确问题意识，即需要考虑问题的有效性，包括问题是否对应着当下社会情景，是否具有时代性？问题是否能够展开一个区域的空间和维度？围绕主题，即问题所展开的作业展，应当注重阐释作品所创造的空间形式与环境、人们的行为和心理感受之间的关系。而这些都取决于作为策展人的老师对问题的感知力和提出问题的能力。

◀ 2019年《胡同智造》展览

展览的内容包含实物模型、图像和文字，是一个综合图式的建立过程。所谓图式的建立，即将思维逻辑以视觉化的图像和文本的方式呈现。展览的作用是强制性地让学生学习和探索图像与文本的构建，不依靠旁白语言的阐述，纯粹以图式的形式让观看的人理解自己的观念。观众对一个设计的解读有"显性"和"隐性"两种方式。"显性"是以观看为主导的单一视觉解读，而"隐性"则是在图像的解读中以"观看"带入"感知"，并且在对作品的解读中得到共情。"观看"与"感知"的结合是对作品由感性到理性的解读获得对作品的全面认知。当观众以日常经验去理解图像时，必然带有个体经验和先入为主的介入。当他们过度关注单一图像，诸如模型、平面图或效果图等时，往往会得到"简单的图像"或"难以理解的设计"这两种极端化的直觉。这种"极端"正是导致观众规避思考，不带任何深入理解的因素。通过排版、布展、展览的过程是一个具有开放性、互动性与观念感知的过程，而当学生通过图像的背景、文化、叙事性图像和文本为内容的综合图式对设计的本体性进行阐述之后，观众才能理解图像的真实意义。展览的目的就在于借助多样化的视觉文本即媒介，去表达作品的视觉意义和隐喻。

在教学模式的发展中，作业展正在逐渐发生变化。其作用是通过对图像和文本的综合运用，对作业成果中的创意进行更广泛的传播和表达。我们希望让每一届展览都延续展览与展示、思考与思辨共存的学术立场，让更多的观者对学生的设计思想进行充分的理解，让作业展成为视觉感官、文化与美学的空间体验、社会事件、学术思考共存的交互场所。

2016年《胡同智造》

这个展览展示了三年级学生进入室内设计专业后第一个长课题的工作成果。课题依旧聚焦于北京旧城更新,选取了前门大栅栏街区一处空置的房屋作为具体的改造对象。这里有特定的胡同肌理和商住文化。随着当代城市建设步伐的加快,胡同空间不断破碎化,居住质量差,商业业态低端,胡同文化严重流失,日渐混乱和衰落。

怎样通过空间设计来激发旧城空间的活力?原驻民与新业态怎样结合?居住空间与公共空间之间可否产生新的关系?两者之间的互动可否成为胡同更新的一种新的发展方向?

针对这些问题,引导学生从一个真实的城市和社会背景中去思考设计的可能性,努力将设计思考贴近于具体的环境,贴近于日常,贴近于人去进行思考,是本次课题的目的。

——韩文强

作为三年级第一次完整的设计训练,我们要求同学们必须通过模型和图纸对概念与创意进行全方位的展现。就像戏曲舞台上的完美演出,要有"手,眼,身,法,步"的绝妙配合,所有的设计理念都应当建立在严谨的图纸表达之上。

——杨宇

本课题是学生们进入室内设计专业的第一个长课题,希望学生能通过前期的调研分析、方案设计和模型制作以及最后的图纸表达,完整地接触一次设计、一次类型化的设计。让学生们了解到设计的严谨性与表达性。希望他们对设计有一种敬畏之心和观察之心。同时,也希望他们对于城市、原住民有一种尊重的心态和理想。这一切将都呈现在今天的展览当中。

——崔冬晖

2017年《胡同智造》

胡同街区是北京代表性的地域符号，但显而易见的是，相比于其厚重的历史积淀，现实的胡同生活存在着诸多问题。从菊儿胡同到琉璃厂，从大栅栏的有机更新到白塔寺的小院重生，我们能看到探索胡同街区未来发展的各种尝试。

可以肯定的是，复兴传统街区并没有标准答案，必须根据一个特定区域中特定时段下的特定需求去考量。本次展览就是依据这样一个背景：天桥北部平房区的房屋腾退和改造活动。我们选取了五处正待改造的地点，由二十几位同学根据个人的观察和调研，分别完成各自的策划和设计。如何结合区内居民的生活方式和居住习惯，设立恰当的社区服务站点，并为社区创造一种新的公共空间模式，每一位同学都给出了他们的答案。我们希望课题介入现实，并引发思考。

——韩文强

这是一次对北京传统街区公共活动空间的研究。我们通过对当下城市社会生活的多样性进行梳理，在街区中植入特定功能空间。其中所引发的居民行为活动，对于塑造空间形式提供了多元化的可能性。

公共空间存在的意义就是让人们彼此产生"感知"的欲望，它是实现人与人、人与环境交互的重要媒介。同学们努力将自身设计师的角色抽离于形式之外，以一个参与者的视角去感知并创造空间的共享性、开放性与愉悦性，让空间的情景特征在居民日常生活中唤起小小的感动。

——杨宇

◀ 2016年《胡同智造》展览

▼ 2017年《胡同智造》展览
展览场地：中央美术学院7号楼二层

▲ 2018年《胡同智造》
展览现场：天桥博物馆（同期举办与天桥地区领导座谈会）

作业展览不能仅仅局限在课堂和校园，而需要更具有开放性和社会性。我们将2018年的作业展览放置在天桥艺术中心的展厅中，并与当地政府、社区服务人员、地产开发商等各个领域的工作人员进行了座谈。对学生作品中所涉及的商业发展、美学形式等内容发表代表自身利益的见解。

2018年《胡同智造》

从外及内，再由内及外

建筑是否可以作为一种媒介，在内部人的活动与外部场地的环境之间建立一种关联？内与外关系的互动将作为设计思考的起点。设计过程就是将场地中隐藏的文脉、肌理、习俗转化为可见的空间形式的过程，并通过内外空间的经营完成建筑、室内、景观的一体化。

从空间建构到场景营造

抽象的居住空间如何转化成为动态的生活场景？通过发问、检验、分析、寻找结果。叙述场景片段，捕捉生活体验，以时间或人物行为或发生的事件为线索，讲述设计思维。最终用绘画的形式将人物、场所、事件以动态的方式展开。

从1：20模型到图纸

模型不仅是表达建筑的方式，其自身也是一种微观层面上的建构。把1：20的材料模型作为训练接近"真实"的手段。选择、加工、制作、观察和摄影，都是感知空间氛围的直观途径。而制作过程中的问题包括空间、材料、结构必须去思考和解决，图纸则作为这些问题的答案。

——韩文强

房前屋后是传统胡同院落中关于人与人、人与街道的生活状态。随着北京现代化和国际化的到来，胡同的居住者也在发生变化。过去熟识的街里街坊变成了来自五湖四海的外来者和原住民的混杂。今天，房前屋后住的是"@他们"和"&他们"，"@他们"是旅客，是过客，是淘金客，"&他们"是主动或被动坚守的北京土著，"@他们"欣喜若狂的来到这里，试图寻找一个城市的记忆与传承，却发现，那个传说中的"北京人"，那些在胡同里悠哉的北京人，那个需要外地人呼吁保护的"老北京"，正在逐渐变成一个文化和旅游的符号，一个想象当中的存在。随着城市的更新，"&他们"的生存空间为外来者挤占，"&他们"无奈、愤怒、在慢慢消失。在"&他们"眼中，"@他们"是一个个外来者、入侵者、破坏者。在这里，没有狂热的浪漫与想象，有的只是日复一日，房前屋后的家长里短，和对"@他们"的怀疑、对抗和冷漠。对于当下这样一种胡同的生活状态，我们的最终目的在于经过对所在的周围区域的人文生活进行多维度的梳理与整合，使胡同所沉淀的生活状态与外来者所携带的文化多样性之间得到活化，消除对立，创造出理想的多元文化生活区。居住是对城市的深度体验方式之一。居住之外，是否存在更多的方式感知城市？如何通过创造独特的居住体验，使"@他们"对于城市有更深刻的归属感？无论是青年旅社、合租房、驻家旅店。在这里，我们试图在居住之外设定多种公共活动的可能性。房前屋后由传统的邻里关系变成来自不同世界的人相互交流的场所。我们希望通过它创造一个外部世界与原生态居住环境的交流互动的机会以改善不同生活状态下的人际关系。让这个场所既是为"@他们"带来有趣的居住体验，也是一种把文化的多样性传递给"&他们"的媒介。

——杨宇

本教学成果是韩文强老师与杨宇老师的建筑改造课程与我和杨宇老师的居住空间设计课程打通后形成的一个长课题。室内设计专业学生在进入三年级专业之初应该更多地关注建筑本体的地域价值与内部空间的使用价值，我们打通课程就是希望对这一问题进行探索。在杨宇老师的精心策划下，两个课程坚守了一个相同的基地，每个同学在保持自己建筑设计方案的大前提下，达到了细化室内功能的目的。期望本次教学成果展为美院建筑学院精细化课程辅导起到一定的提升作用。

——崔冬晖